ANT와 AI 영상 제작

AI문고

인공지능 시대입니다. 기계가 인간의 인지를 대신하고, 사물이 인간을 통하지 않고 다른 사물과 직접 커뮤니케이션합니다. 이에 따른 인간 삶과 문명 변화를 정확히 이해·예측·대응하는 것은 이 시대 우리 모두의 과제입니다. AI문고는 인공지능 기술과 환경의 여러 주제를 10가지 키워드로 정리합니다. 관련 개념과 이론, 학계와 산업계의 쟁점, 우리 일상의 변화를 다룹니다. 인간과 기술의 현재, 미래를 세심히 분석합니다.

일러두기

- 인명, 작품명, 저서명, 개념어 등은 한글과 함께 괄호 안에 해당 국가의 원어를 병기했습니다.
- 외래어 표기는 현행 어문규정의 외래어표기법을 따랐습니다.

처음이세요?
전문가세요?

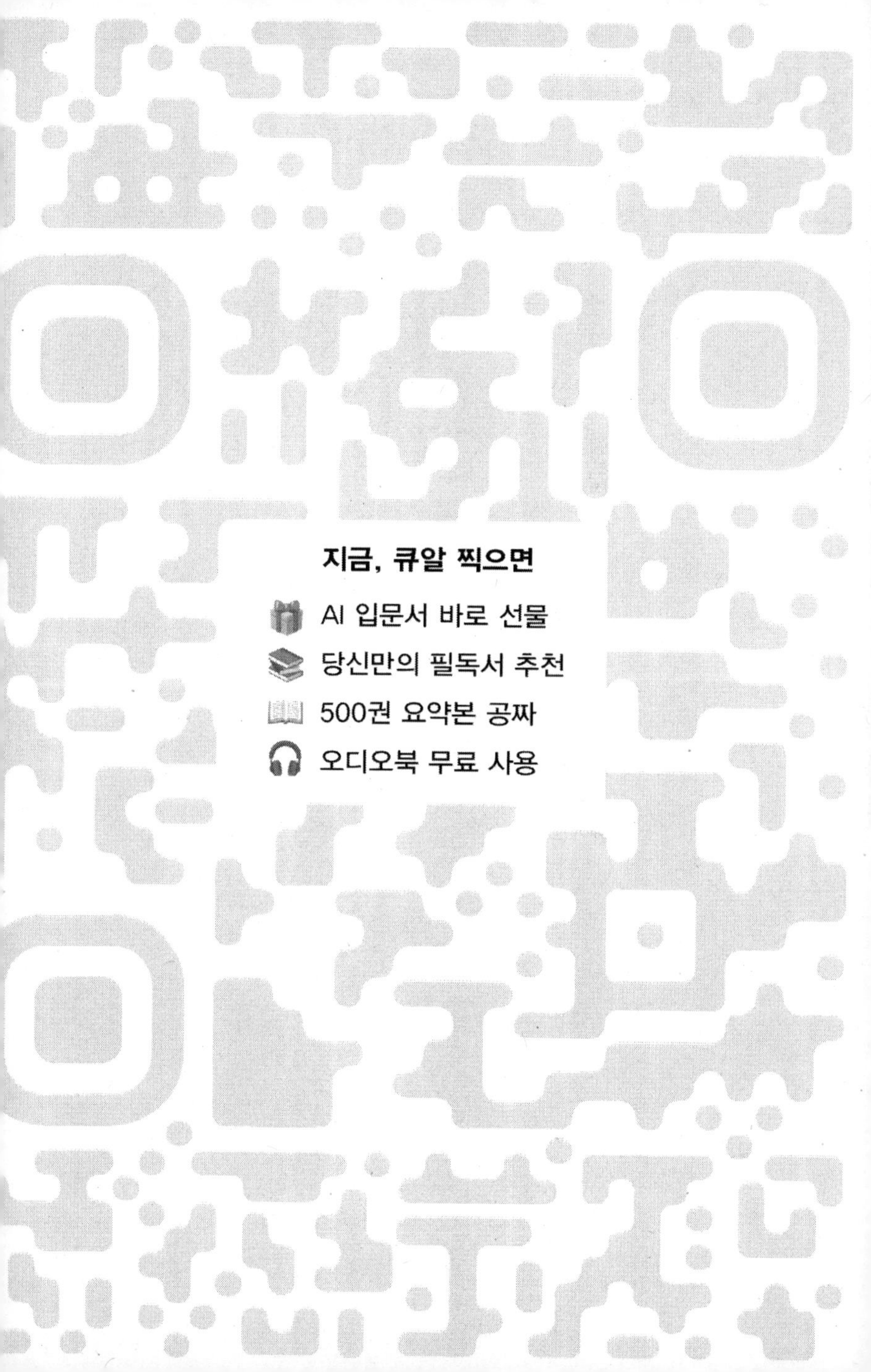
지금, 큐알 찍으면
AI 입문서 바로 선물
당신만의 필독서 추천
500권 요약본 공짜
오디오북 무료 사용

ANT와 AI 영상 제작

권승태

대한민국, 서울, 커뮤니케이션북스, 2026

ANT와 AI 영상 제작

지은이 권승태
펴낸이 박영률

초판 1쇄 펴낸날 2026년 2월 25일

커뮤니케이션북스(주)
출판 등록 2007년 8월 17일 제313-2007-000166호
02880 서울시 성북구 성북로 5-11
전화(02) 7474 001, 팩스(02) 736 5047
commbooks@commbooks.com
www.commbooks.com

ISBN 979-11-430-2020-8 03500

책값은 뒤표지에 표시되어 있습니다.

차례

ANT와 AI 영상 제작 xi

01 AI 영상 제작의 정체성 1

02 영상 제작의 변화 15

03 사전 제작에서 행위자의 상호작용 27

04 제작에서 행위자의 상호작용 39

05 편집에서 행위자의 상호작용 53

06 색 보정과 사운드 디자인에서 행위자의 상호작용 65

07 데이터와 품질 관리에서 행위자의 상호작용 77

08 협업 관리에서 행위자의 상호작용 89

09 AI 영상 제작의 미장센 103

10 AI 영화의 영상 생성과 몽타주 115

ANT와 AI 영상 제작

AI 혁명

AI(Artificial Intelligence)의 등장으로 세계는 전대미문의 변화를 맞이하게 된다. 기원전 약 7만 년 전 구술 언어가 등장하는 인지 혁명으로 호모 사피엔스(Homo sapiens)는 세계를 이야기로 조직하는 존재 즉 호모 파불라(Homo fabula)로 기능하기 시작했다. 기원전 약 1만 년 전 농업 혁명으로 수렵 채집인의 인류가 정주 생활을 하게 되면서 자연을 관리하기 시작했다. 기원전 800~기원전 200년경 축의 시대 공자, 붓다, 소크라테스 등의 사상가들이 등장하면서 인류는 사유 혁명을 겪으며 신화 세계를 넘어 세계를 성찰과 윤리의 대상으로 재구성하기 시작했다. 16~17세기 과학 혁명으로 인류는 자연을 인간 인식의 외부 대상으로 분리하여 사유하기 시작했고 이성을 중심으로 세계를 이해하는 시대를 열었다. 18~19세기 산업혁명으로 인류는 기계적 생산 시스템을 구현하면서 자연에 대한 통제를 구조적 차원으로 확장했다. 21세기 AI 혁명으로 육체와 정신, 자연과 인간, 인간과 기계 간의 경계가 흐려지면서 인간 중심적 세계관을 흔들고 있다. 이에 따라 인류가 만든 기계는 특정 영역에서 인간의 능력을 능가하면서 육체노동과 정신노동에서 인간의 역할을 대체하거나 재구성하는 시대를 인류는 직면하게 됐다. 정리하면 인류는 인지 혁명으로 서사로 세계를 조직하고 농업 혁명으로 자연을 관리하며 사유 혁명으로 세계를 윤리적으로 성찰하고 과학 · 산업 혁명으로 자연을 객체화 · 기계화해 통제했고 AI 혁명으로 인간의 정신적 신체적 능력까지 기계로 자동화, 외주화하는 단계에 도달했다.

영상의 자동화

문자 언어가 등장하기 전부터 이미지는 존재했다. 기원전 약 3만 년 전 알타미라 동굴벽화는 문자 이전 이미지로 인류가 세계와 관계를 흔적으로 남기기 시작했음을 잘 보여 준다. 광의에서 영상은 인간이 세계를 인식하는 모든 시각적 형상(image)을 말한다. 그러나 협의에서 영상(映像)은 기계적 광학 장치를 통해 비친 상(image)을 말한다. 즉 인간이 직접 그린 이미지가 아니라 기계가 자동으로 만든 이미지다. 영상의 역사는 오래됐다. 고대 그리스 시대 등장한 카메라 옵스큐라(camera obscura)는 검은 방이란 말로 어두운 방의 작은 구멍으로 들어온 빛이 반대편 벽에 역상으로 맺혀지게 한 원시적 카메라다. 영상의 자동화 역사는 바로 어두운 방에 일시적으로 맺혀진 상을 영속적으로 고정시키는 기술을 개발한 과정이다. 르네상스 시대에는 카메라 옵스큐라에 맺힌 상 그대로 화가가 그림을 그려 영상을 고정시켰다면 1826년 조제프 니세포르 니엡스(Joseph Nicéphore Niepce)가 아스팔트를 감광 물질로 사용해 빛에 장시간 노출시키는 방식으로 최초의 사진을 개발해 영상의 기계적 고정을 실현했다. 또 1895년 뤼미에르(Lumière) 형제가 시간 속에서 변화하는 상을 자동으로 기록할 수 있는 영화 카메라를 개발하면서 영상의 자동화는 시간의 차원으로 확장했다. 이처럼 카메라는 실제 세계를 자동으로 반영하는 영상을 기록하는 기계로 발전했다면, 생성형 AI는 실제에는 존재하지 않지만 실제와 닮은 영상을 생성할 뿐만 아니라 인간의 상상과 유사한 방식으로 이미지를 그리는 새로운 형태의 자동 기계라 할 수 있다.

영상 제작의 변화

영상 촬영은 기계가 자동으로 수행하지만 카메라의 위치와 움직임, 렌즈의 종류, 프레임 속 인물, 세트, 의상,

소품, 조명, 음향, 음악, CG 등의 모든 시청각적 요소를 인간이 선택한다. 그러므로 배우와 성우 같은 출연진부터 시작해 촬영 감독, 음향 감독, 조명 감독, 프로덕션 디자이너, CG 감독 등 제작진이 영상 제작에 참여한다. 또 카메라뿐만 아니라 삼각대, 배터리, 마이크, 조명기, 이동차, 드론, 크레인, 컴퓨터, 저장 장치, 클라우드 서비스, 렌더링 장비, 시나리오, 소프트웨어, 컴퓨터 그래픽 장비, 각종 제작 서류 등 수많은 비인간적 요소들이 제작에 중요한 역할을 한다. 즉 초창기 영상 제작은 기록이라는 자동성을 전제했지만 그 자동성을 운용하기 위해 대규모 장비와 전문 인력이 필요했기에 영화 스튜디오, 방송국, 프로덕션 등의 전문 기관에서 독점적으로 담당할 수밖에 없었다.

1960년대 이후 16mm 카메라 같은 휴대용 카메라가 등장해 개인이 촬영할 수 있었다. 그러나 여전히 편집과 상영에 많은 비용이 들었기에 극소수의 개인만이 소장용으로 촬영했을 뿐 이를 현재처럼 편집해서 공유하지는 못했다. 그러므로 개인이 혼자서 영화 한편을 완성하는 것은 거의 불가능했다. 21세기 영상 제작이 디지털로 전환된 이후에야 비로소 1인 영상 제작이 가능해졌다. 스마트폰으로 촬영하고 편집하여 곧바로 유튜브나 인스타그램으로 공유하게 됐다는 것은 과거 기관이나 전문가가 독점했던 영상 제작을 이제 누구나 할 수 있게 되는 영상 제작의 개인화를 의미한다. 이는 AI가 등장하면서 완성된다. 디지털화로 영상 촬영과 편집, 상영에 거의 비용이 들지 않지만 상상을 컴퓨터 그래픽(CG)이나 비주얼 이펙트(VFX)로 구현하려면 전문 인력이 필요하다. AI는 이제 구독료 정도로 무엇이든지 영상으로 합성할 수 있어 과거 영화 스튜디오에서만 가능했던 SF 영화나 애니메이션을 개인도 제작할 수 있게 됐다.

AI의 개입 여부나 작업 규모와 상관없이 영상 제작은 기본적으로 인간-비인간의 협업 체계를 갖는다. 그리고 작업 규모에 따라 영상 제작은 개인 작업과 공동 작업으로 나눠질 것이다. 그러나 AI 시대에도 영상 제작은 기본적으로 공동 작업이 될 것이다. 단지 과거에 불가능했던 개인 작업이 가능해졌다는 차이가 있을 뿐이다. 이 책은 3장에서 8장까지 공동 작업으로 AI 영상 제작을 다룰 것이고 9장과 10장에서 개인 작업으로 AI 영상 제작을 다루면서 각각의 행위자-연결망을 추적하고자 한다.

AI 시대 창작자

영상 제작의 자동화와 개인화로 이제 개인이 혼자서 언

제 어디서나 AI를 통해 영상을 제작할 수 있는 시대가 됐다. 그러나 누구나 혼자서 글을 쓸 수 있다고 누구나 작가가 될 수 있는 것은 아닌 것처럼 누구나 영상을 생성할 수 있다고 하더라도 누구나 영화감독이나 크리에이터가 될 수 있는 것은 아니다. 왜냐하면 단순히 도구 사용 능력이 작가의 결과물을 만드는 것은 아니기 때문이다. 책이 출판되기 위해서는 펜과 노트 또는 노트북 한대만 있으면 되는 것이 아니다. 전문 지식, 작법, 출판 저작 도구, 디자인 기술, 편집자, 계약서, 교열자, 인쇄기, 도매상, 서점, 플랫폼, 독자 등의 요소들이 필요하다. 영상 제작이 AI로 자동화됐다고 하더라도 영상 콘텐츠가 플랫폼에서 성공적으로 유통되기 위해서는 영상 구성력, 스토리 구성력, 엔터테인먼트 요소, 편집 소프트웨어, 편집 기술, 영상 포맷에 대한 지식, 섬네일 디자인 기술, 채널 관리 능력, 플랫폼, 알고리즘, 서버, 네트워크, 사용자 등의 요소들이 필요하다. 이렇게 글과 영상이 독자나 사용자와 지속적인 상호작용을 할 때 그 과정의 모든 선택을 주도하는 인간 주체를 작가나 크리에이터라 부른다. 그러므로 작가나 크리에이터가 되기 위해서는 도구 활용법뿐만 아니라 수많은 인간과 비인간과 상호작용하면서 최종 작품을 완성하는 능력을 가져야 한다.

영화가 끝나면 크레디트(credit)가 올라간다. 크레디트는 영화 제작에 기여한 인물 이름의 목록이다. 장편 영화 크레디트로 수백 명의 이름이 올라가지만 그 영화의 창작자는 감독이 되는 경우가 많다. 그 이유는 감독이 모든 예술적 선택의 최종 책임자이기 때문이다. 책이 출판되는 과정에도 많은 인간과 비인간이 필요하지만 작가가 창작자인 이유 역시 작가가 책 내용을 결정했기 때문이다. 창작자는 새로운 의미를 생산하기 위해 아이디어와 형식을 조직하고 그 결과물이 나오기까지 모든 선택에 책임을 지는 주체를 말한다. 그렇다면 만약 최종 결과물까지 모든 선택을 AI가 자율적으로 한 결과물의 내용이 새로운 가치를 갖는다면 그 결과물의 창작자는 AI인가? 아니다. AI의 저작권은 아직까지 현 제도 속에서 인정되지 않는다. 왜냐하면 우리나라를 포함해 대부분 나라에서 저작권은 인간에게만 부여하기 때문이다. 즉 외주 제작자인 AI는 창작자가 될 수 없다. 그렇다면 단지 생성 과정을 위임하고 관리 역할만 한 인간이 창작자가 되는 것일까? 즉 외주 제작자가 아니라 외주 관리자가 창작자가 될 수 있을까? 그것 역시 현 제도 속에서 인정되지 않는다. 왜냐하면 외주 관리자는 창작자가 아니기 때문이다. 이 경우 누가 창작자인가를 현 저작권법이 결정할 수 없는 문제가 발생한다. 아직 AI가 영화감독처럼 모든 분야를 총책임지면서 높은 품질의 영상을 연출할 수 없지만 AI가 급격히 발전하면 AI가 독자적으로 영화 한 편을 완성할 날도 올 것이다. 여기서 AI가 인간을 대체하는 문제를 우려할 수 있다. 이는 러다이트 운동처럼 기계를 적으로 보고 파괴하려는 움직임을 낳을 수 있다. 그러나 러다이트 운동 이전이나 이후에나 인류는 항상 비인간과 상호작용하면서 살아 왔다. 그러므로 자연이든 기계든 정복하거나 제거할 적대자가 아니라 공존해야 할 삶의 일부로 입장을 변경할 필요가 있다. 그러므로 영상 제작의 창작 주체에 대한 기준 역시 인간 중심에서 벗어나 비인간으로 확장할 수 있을 것이다.

탈인간중심주의

사회와 자연은 명확한 경계가 없이 섞여 상호작용한다. 사회 발전으로 자연이 파괴되는 현상이 일어났고 그로 인한 기후 변화가 전 세계적인 위기를 초래했다. 기후 위기가 천재가 아니라 인재라고 한다면 인간 사회는 자연과 무관한 인위적인 존재가 아니라 자연의 일부로서 작동하고 있는 동일한 존재임을 드러낸다. 특히 최근에 AI가 등장하면서 인간을 만물의 영장으로 등극시킨 이성에 대한 신화가 깨지고 있다. AI는 이미 인간 이성의 추론과 이해 능력을 능가하는 결과물을 보여 주고 있다. 이제 인간을 만물의 영장이 아니라 만물의 일부로 내려놓아야 할 때가 온 것이다.

르네상스는 중세의 신 세계관에서 벗어나 인간을 세계의 중심으로 올려놓은 출발점이었다. 르네상스의 휴머니즘 즉 인간중심주의는 정신과 물질, 문화(사회)와 자연, 사회과학과 자연과학, 인간과 비인간을 이분법적으로 구분하고 이성을 절대 존엄의 영역으로 올려놓고 이성을 가진 인간이 주체로서 객체인 비인간을 통제했다.

근대 이후 인간중심주의적 사유의 철학적 토대는 칸트주의(Kantianism), 즉 상관주의(correlationism)에 놓여 있다. 이마누엘 칸트(Immanuel Kant) 이후의 철학은 세계를 인간 인식과 무관하게 사유하기보다 인간의 인식 조건과 세계가 맺는 상관관계를 중심으로 전개되었다. 이 관점에서 실재는 언제나 인간에게 주어지는 방식으로만 사고되며 인간과 무관한 세계 그 자체는 철학적으로 접근 불가능한 영역으로 남는다. 즉 칸트는 세계가 인간 이성의 범주를 통해서만 현상으로 나타난다는 점에서 인간을 세계가 의미 있게 경험되기 위한 필수적 매개로 보았다.

인간중심주의는 게오르크 빌헬름 프리드리히 헤겔(Georg Wilhelm Friedrich Hegel)에 이르러 정점을 찍는다. 그에게 역사는 이성이 자기를 실현하는 과정이며 이성은 정반합의 과정으로 역사의 보편 원리로 기능한다. 칼 마르크스(Karl Marx)의 역사적 유물론은 이런 이성을 물질로 전복시킨다. 역사는 더 이상 이성의 전개가 아니라 물질적 생산관계와 계급투쟁으로 이해되면서 이성은 사회적 존재의 산물로 위치지어진다. 그러나 이 전환에도 불구하고 인간은 노동을 통해 역사를 이끄는 핵심 주체로 남는다.

20세기 이후 언어적 전환(linguistic turn), 해석학적 전환(hermeneutic turn)은 인간 주체의 중심성을 약화시킨다. 인간의 이성이 의미를 만드는 것이 아니라 언어 구조와 해석의 맥락이 의미를 생성한다. 언어적 전환으로서 기호학은 의미의 근원을 인간의 의식이나 의도에서 분리해 언어와 기호 체계의 구조로 이동시켜 인간을 의미 생성의 중심적 창조자 자리에서 밀어냈다. 이어진 해석적 전환으로서 해석학은 의미를 고정된 구조가 아니라 역사적·문화적 맥락 속에서 발생하는 해석의 사건으로 이해함으로써 인간 주체의 자율성을 약화시켰다. 즉 의미는 개인이 자유롭게 만드는 것이 아니라 역사와 문화 속에서 해석될 때 생겨나는 것으로 보았다. 그러나 기호학과 해석학은 세계를 인간의 의미화와 이해의 지평 바깥으로 결정적으로 이탈시키지는 못했으며, 비인간이나 물질의 자율적 행위성을 존재론의 중심 문제로 본격화하지는 않았다.

언어적 · 해석학적 전환이 관계를 주로 의미와 해석의 차원에서 다루었다면 관계론적 전환(relational turn)은 관계를 존재가 구성되고 유지되는 존재론적 원리로 격상했다. 이러한 이론적 전환 속에서 등장한 신유물론과 그 연관 이론들은 세계를 해석의 대상이 아니라 인간과 비인간이 함께 구성하고 작동하는 존재들의 장으로 재사유함으로써 존재론적 전환(ontological turn)을 본격화한다. 나아가 물질적 전환(material turn)은 이러한 관계론적 관점을 구체화하는 방향으로서 물질 · 사물 · 기술 · 환경을 수동적 배경이 아니라 능동적 행위자로 재정의하여 탈인간중심주의적 세계관을 이론적으로 실질화한다.

신유물론

탈인간중심주의적 세계관을 이끄는 대표적 사유 중 하나가 신유물론(new materialism)이다. 마르크스 유물론이 인간중심주의 전통과 불가분의 관계를 가진다면 신유물론은 포스트 휴먼 시대의 유물론이라고 할 수 있다. 신유물론자들은 바뤼흐 스피노자(Baruch Spinoza), 드니 디드로(Denis Diderot), 앙리 베르그송(Henri Bergson), 찰스 다윈(Charles Darwin), 프리드리히 니체(Friedrich Nietzsche) 같은 대사상가들을 다시 읽으며 세계를 죽은 기계가 아니라 살아 움직이는 과정으로 이해하고 인간과 물질을 나누는 이분법을 거부할 이론적 근거를 마련하고자 했다(Lowrie, 2015).

신유물론과 교차하거나 연동되는 이론들로 행위자-연결망 이론(ANT, Actor-Network Theory), 아장스망(agencement, 영어권에서 assemblage로 번역함) 이론, 비판적 포스트휴머니즘, 사변적 실재론(Speculative Realism) 등이 있다. 사변적 실재론은 상관주의를 근본적으로 비판하며 등장한 흐름으로 인간과의 관계 이전에 실재는 인간 없이도 존재한다는 점을 철학적으로 사유하려는 시도다. 비판적 포스트 휴머니즘은 인간, 특히 백인 남성을 중심 주체로 설정해 온 근대 휴머니즘을 비판하면서 인간을 자율적인 실체가 아니라 비인간, 기술, 환경과 얽힌 관계적 존재로 재정의한다. 아장스망 이론은 세계를 고정된 본질이나 전체로 보지 않고 이질적인 요소들이 임시적으로 결합해 작동하는 구성물로 이해한다. 어떤 사회, 제도, 기술, 주체도 미리 정해진 본질을 갖지 않으며 사람, 사물, 기술, 담론, 정동 같은 요소들이 특정한 방식으로 배치(arrangement)될 때 잠정적으로 하나의 전체처럼 보일 뿐이다. 이는 관계적 존재론(relational ontology)으로 개인이나 구조가 중심이 아니라 배치와 연결 방식이 힘을 만든다고 본다. 관계적 존재론이란 존재자들의 실재가 본래부터 거기에 있던 것이 아니라 행위자들 사이의 관계적 실천으로부터 창발하는, 변신의 가능성을 내재한 다중체(multibody)로 보는 관점이다. 관계적 존재론이 다양한 존재들의 역동적인 사이를 탐구한다는 점에서 연결망 시대에 적실한 관점이라 할 수 있다. 이러한 관계적 존재론으로의 이행에 결정적으로 기여한 것이 과학기술학(STS, Science, Technology and Society) 연구가 브루노 라투르(Bruno Latour), 미셸 칼롱(Michel Callon), 존 로(John Law)의 행위자-연결망 이론이다(김문조, 2025).

행위자-연결망 이론(Actor-Network Theory, ANT)

에밀 뒤르켐(Emile Durkheim)이 기초를 닦고 피에르 부르디외(Pierre Bourdieu)가 성취를 이룬 기존의 프랑스 사회학은 사회를 개인의 생각이나 선택의 결과로 보지 않고 대신 개인 바깥에 존재하면서 개인에게 영향을 미치는 '보이지 않는 구조' 또는 장(champs)이라 보고 그 사회가 실제로 인간 행동의 원인이 되는지 과학적으로 입증하려 했다. 또 사회학의 임무를 사람들이 자연스럽게 믿는 생각이 사실은 구조, 무의식, 권력에 의해 만들어진 환상임을 폭로하고 그 진실을 드러내는 것으로 보았다. 이에 대해 라투르는 기존 사회학이 구조로 설명하는 사회는 실재로 존재하지 않는 관념적 구성물이라 비판하면서 사회를 인간과 비인간 행위자들 간의 관계적 연결이 안정화하며 생성되는 효과로 재정의한다. 또 기존 사회학자들의 계몽적 태도를 비판하며 사회학은 행위자를 가르치는 학문이 아니라 그들에게 배우는 학문이라고 주장한다(김홍중, 2022).

ANT의 중심 개념인 행위자-연결망은 질 들뢰즈(Gilles Deleuze)와 펠릭스 가타리(Félix Guattari)가 말한 아장스망(agencement)과 거의 유사한 이론적 위상을 갖는다. 아장스망과 행위자-연결망은 모두 이질적인 요소들이 서로 연결되며 작동하는 하나의 구성물을 가리킨다. 이 구성물은 고정된 본질이나 불변의 구조가 아니라 상황에 따라 형성 · 변형 · 해체될 수 있는 가변적이고 유동적인 관계적 구성이다. 예를 들어 총을 든 사람은 혼자 행동하는 순수한 개인이 아니라 총이라는 비인간 요소, 탄약, 조준 장치, 규칙과 결합할 때 비로소 행동이 가능해진다. 그래서 총을 든 사람은 인간과 비인간이 결합한 하이브리드다. ANT는 이런 행위자-연결망이 어떻게 형성되고 세계에 어떤 변화를 가져오는지 물질적이고 경험적으로 연구하는 접근법이다(김홍중, 2022). 행위자는 인간과 비인간 요소들이 반복 가능하고 예측 가능한 방식으로 묶여 작동하는 관계의 구조다. 그러므로 행위자-연결망이라는 이름처럼 행위자는 언제나 행위자인 동시에 연결망이다(Law, 1999). 또 행위자는 새로운 연결 속에서 또 다른 연결망을 형성한다. 그리고 이 다양한 연결망들은 단순히 존재하는 것이 아니라 언제나 차이를 생성한다. 즉 행위를 수행한다(Latour, 1999).

라투르는 파스퇴르(Louis Pasteur)와 위생학자들이 감염병의 원인으로 세균을 도입하면서, 사회를 더 이상 부자와 빈자 같은 계급 구조로 보지 않았다는 점에 주목한다. 대신 사회를 병자, 보균자, 면역자, 접종자처럼 감염과 전파의 상태에 따라 재구성하였다. 이 과정에는 인간뿐 아니라 모기 · 쥐 · 벼룩 · 박테리아 · 효소 · 백신 · 살

균제 같은 비인간 행위자들도 함께 포함되었다. 이러한 재분류는 부유한 아이가 가난한 하녀에게서 병을 옮아 사망할 수 있는 상황을 드러내며 기존의 계급 구분을 넘어서는 새로운 연대성을 만들어 냈다. 그 결과 미생물학자와 위생학자, 그리고 실험실의 기술과 지식이 사회 규제의 중심으로 이동했다.

라투르는 이 사례를 통해 행위자-연결망 이론의 핵심을 보여 준다. ANT는 파스퇴르의 세균학을 경제·규범·문화 같은 사회적 구조로 설명하지 않고 오히려 파스퇴르와 세균, 기술과 정책이 결합된 어셈블리지가 어떻게 프랑스 사회 자체를 구성해 갔는지를 따라가며 묘사한다. 이를 통해 라투르는 사회가 마르크스의 경제 구조나 탤컷 파슨스(Talcott Parsons)의 규범 질서, 클로드 레비-스트로스(Claude Lévi-Strauss)의 문화 구조가 아니라 인간과 비인간이 얽힌 네트워크의 효과임을 경험적으로 입증한다(김홍중, 2022).

ANT는 행위자를 의미망 안에 위치시켜 해석하는 데 그치지 않고 그 행위자가 실제로 행사하는 힘, 사용 방식, 제도화 과정 등을 구체적으로 추적한다. 행위자 개념은 기호학자 알기르다스 그레마스(Algirdas Greimas)가 서사 분석에 활용한 행위자 모델(Actantial model)에서 가져왔다. 이때 행위자는 서사의 특정 기능을 담당하는 인간이나 사물을 의미한다(김성도, 2020). 라투르 역시 행위자 개념에 인간뿐만 비인간적 요소를 포함시켜 기계, 텍스트, 규범, 기호 등이 인간과 동등하게 서로 영향을 주고받는 것으로 본다. 그리고 라투르에게 행위는 인간 행위뿐만 아니라 동물의 행태, 사물의 영향까지 모두 포함한다. 여기서 행위의 본질은 의미나 동기가 아니라 차이에서 찾는다. 그러므로 차이를 만들어 사태를 변화시키는 무엇이든지 행위자라고 할 수 있다. 반대로 차이를 만들지 못하는 존재는 행위자가 될 수 없다(Latour, 2005).

영상 제작의 행위자

전통적인 관점에서는 주체인 인간이 AI를 객체인 도구로 활용해 영상을 제작한다고 볼 수 있지만 ANT의 관점에서는 AI도 인간의 사고방식과 행동을 변화시키는 행위자로서 인간과 대칭적으로 연결망을 형성한다고 볼 수 있다. 물론 자율적인 작동을 하는 AI는 영상 제작에서 제작진과 적극적으로 상호작용하는 행위자로서 기존의 도구인 대본, 카메라, 일정표, 삼각대 등과 차별되지만 기존 도구 역시 영상 제작에 크고 작은 차이를 만들어 내는 행위자로 볼 수 있다. 라투르에 따르면 네트워크 안에는 주체와 객체의 구분도 없고 위아래의 위계가 존재하지 않고 내부와 외부의 경계가 없으며 작은 요소 역시 전체에 영향을 줄 수 있으므로 거시와 미시의 구분도 없다(Latour, 1996). 그러므로 ANT 관점에서는 영상 제작은 제작진, 출연진, 장비, AI, 관객 등 모든 구성원이 행위자로서 상호작용하면서 새로운 작품을 만든다고 볼 수 있다(권승태, 2025). 그러므로 영화의 창작 주체를 감독으로 환원하는 것은 제도적 · 사회적 관점에서 가능하지만 행위자-연결망 이론의 관점에서는 영화의 창작 주체는 영화 크레디트 속 인간뿐만 아니라 영화 제작에 참여한 비인간도 포함한다.

번역의 연쇄

라투르는 《판도라의 희망(Pandora's Hope)》(1999)에서 과학적 지식이 어떻게 만들어지는지를 보여 주기 위해 네 명의 과학자들이 아마존 밀림의 토양을 채집하고 실험실에서 분석한 후 보고서를 작성하는 과정을 추적했다. 이들은 식물학자, 지리학자, 두 명의 토양학자로, 습지와 숲의 경계 지점에서 샘플링 도구로 흙을 층위별로 채취하여 숲이 확장하는지 퇴보하는지를 탐구한다. 이때 흙은 그냥 자연물로 취급되지 않는다. 샘플링 도구를 사용해 깊이와 위치를 정확히 측정하고 각각의 시료(sample)에 라벨을 붙여 좌표와 정보를 기록한다. 이 과정을 통해 흙은 더 이상 자연 그대로의 흙이 아니라 분석 가능한 시료로 바뀐다. 라투르는 이 과정을 번역(translation)이라고 부른다. 즉 토양은 자연물이 아닌 분석 가능한 시료로 번역된다.

다음 단계는 실험실이다. 채취한 시료를 실험실로 옮겨 건조하고 화학적으로 분석한다. 이때 흙의 색과 성질은 먼셀 코드(Munsell code) 같은 표준화된 도구를 통해 숫자와 기호로 바뀐다. 채취한 시료가 객관적인 데이터로 번역된다. 이 번역으로 시료는 감각적인 물질이 아니라 비교와 계산이 가능한 정보가 된다.

마지막으로 과학자들은 실험실에서 얻은 데이터를 다이어그램, 차트, 스케치 등으로 시각화하고 이를 바탕으로 보고서를 작성한다. 이 단계에서 데이터는 "숲이 확장하고 있다. 또는 퇴보하고 있다"는 과학적 주장으로 번역된다. 라투르는 이 과정을 통해 과학이 단순히 자연을 그대로 반영하는 것이 아니라 여러 단계의 번역을 거쳐 자연이 어떤 상태인지 드러낸다고 설명한다. 이때 중요한 행위자는 과학자 같은 인간만이 아니다. 토양, 지도, 토포필(topofil) 같은 측정 도구, 숫자가 적힌 금속 표지, 실험실, 서류함, 컴퍼스, 경사계, 업무 일지, 토양 비교 분석기, 먼셀 코드, 다이어그램, 차트, 스케치, 보고서 등도 모두 중요한 역할을 한다. 이런 비인간 행위자는 인간처럼 의도를 가지고 행동하는 존재는 아니지만 연결망 안에서 어떤 차이를 만들어 내는 능동적 존재다(Latour, 1999).

토양이 연구 대상이 되어 지식으로 만들어지기까지는 단순한 직선 과정이 아니라 가역적이면서도 순환적인 과정이다. 토양을 채취하는 현장, 이를 분석하는 실험실, 그리고 결과를 정리한 보고서는 각각 독립된 단계가 아니라 다양한 행위자들이 개입하며 서로 연결된 하나의 과정이다. 이 과정은 한 방향으로만 진행되지 않는다. 토양에서 시작해 실험실을 거쳐 보고서로 나아간 흐름은 다시 보고서에서 실험실로, 실험실에서 토양으로 되돌아갈 수 있다. 보고서에 제시된 결과를 다른 연구자가 검토하고 그 내용을 바탕으로 새로운 실험이 설계된다. 이후 다른 지역의 토양이 채취되고, 다시 분석과 보고서 작성이 이루어지는 식으로 지식은 반복적으로 검증되고 갱신된다. 이렇게 토양-실험실-보고서의 과정은 순환 구조를 가진다(Latour, 1999).

라투르는 이러한 과정을 '번역의 연쇄'라고 설명한다. 여기서 번역이란 단지 말을 다른 언어로 바꾸는 것이 아니다. 그는 번역을 서로 다른 행위자들이 개입하면서 발생하는 모든 변위(displacement), 즉 이동과 변화의 과정으로 이해한다. 각 단계에서 행위자들은 자신의 관심과 조건에 맞게 정보를 수정하고 재구성하며 때로는 서로 다른 이해관계를 조정하거나 대립하기도 한다(Latour, 1996). 이때 번역은 인간 사이의 언어적 소통에만 한정되지 않는다. 과학자들 간의 의견 충돌과 이해 조정, 가설 수정과 합의 과정은 각 행위자가 자신의 관심과 조건에 맞게 의미를 재구성하는 사회적 번역에 해당한다. 동시에 측정 도구의 해상도, 표준화된 코드, 실험 장비의 제약이 관찰 가능한 범위와 결과의 정밀도를 바꾸는 것 역시 세계가 데이터로 변환되는 물질적 번역이다. 이처럼 번역은 인간과 비인간 행위자들이 함께 개입하며 발생하는 모든 변위의 과정을 가리키며 지식은 이러한 번역의 연쇄 속에서 형성되고 안정화된다.

토양이 데이터가 되고, 데이터가 보고서가 되며, 다시 새로운 연구의 출발점이 되는 이 순환 속에서 과학적 지식은 고정된 결과가 아니라 끊임없이 만들어지고 다시 시험되는 것으로 존재한다. 라투르는 이러한 과정을 '순환하는 지시체(circulating reference)'라고 칭하는데 이 개념은 세계와 언어가 일대일로 정확히 대응한다고 보는 전통적인 과학 철학과는 다른 관점에서 출발한다.

전통적 관점에서는 언어가 세계를 그대로 가리키거나 반영한다고 생각하지만 라투르는 의미가 실제로 어떻게 만들어지고 작동하며 유통되는지를 더 중요하게 본다. 라투르에 의하면 지시체는 어떤 고정된 대상이나 단어를 뜻하지 않는다. 그는 지시체를 "변형의 연쇄와 그 순환 가능성의 질(quality)"이라고 설명한다(Latour, 1996). 이는 의미가 한 번 정해져 끝나는 것이 아니라 여러 단계의 변환을 거치며 이동하고 다시 되돌아와 검증될 수 있는 구조를 가진다는 뜻이다. 즉 지시체는 안정된 결과가 아니라 계속 움직이고 점검되는 과정 자체를 가리킨다. 순환하는 지시체는 단어(언어)와 그 단어가 지시하는 대상(세계) 간의 대응 관계가 아니라 단어와 세계가 연결하고 변환하는 일련의 과정 전체를 가리킨다. 즉 지시체는 어떤 대상을 가리키는 표지가 아니라 세계가 말이 되고 다시 세계로 돌아갈 수 있게 만드는 전체 경로다. 그러므로 과학자들의 보고서는 실제 세계를 그대로 복사해서 보여 주는 것이 아니라 번역의 연쇄를 거쳐 실제 세계를 새로운 방식으로 구성하는 것이다.

영상 제작의 번역의 연쇄

번역의 연쇄를 영상 제작에도 적용할 수 있다. 영상 제작자들은 실제 세계에 존재하는 인물과 사건을 선택해 시나리오로 번역하고 촬영을 통해 시나리오를 영상으로 번역하고 편집을 거쳐 영상을 하나의 콘텐츠로 번역한다. 그 콘텐츠를 본 관객은 이를 자신의 스토리로 다시 번역(해석)한 후 실제 세계에 적용할 수 있다. 또는 다른 제작자가 그 콘텐츠를 바탕으로 새로운 시나리오를 써 촬영과 편집을 거쳐 새로운 콘텐츠를 만들어 내며 번역의 연쇄는 계속 이어진다. 이처럼 영상 콘텐츠는 실제 세계가 일대일로 카메라로 기록되는 것이 아니라 실제 세계에서 출발해 시나리오라는 텍스트를 거쳐 다시 촬영과 편집 과정을 통해 콘텐츠로 재탄생한 후 최종적으로 관객이 새로운 실제를 번역하는 복잡한 번역의 연쇄로 구성된다. 이 과정에서 작가, 프로듀서, 연출가, 촬영 감독, 프로덕션 디자이너, 음향 감독 등 수많은 인간 행위자가 개입해 충돌과 조정을 반복하며 동시에 카메라, 드론, 이동차, 삼각대, 마이크, 컴퓨터, 소프트웨어 등 비인간 행위자 역시 결과물의 형식과 의미에 결정적인 차이를 만든다.

ANT는 성격이 다른 다양한 요소들이 서로 연결되고

관계를 맺으면서 끊임없이 새로운 흐름과 결합 · 변환의 과정을 거치는 개념이다. 영상 제작 역시 이러한 흐름을 갖는다. 시나리오 작업은 실제에서 시나리오로의 환원 과정으로 실제가 지닌 국소성, 특수성, 물질성, 다의성, 연속성이 점차 희미해져 마지막에는 수십 장의 종이에 응축된 추상적 정보만 남는다. 여기서 국소성이란 어떤 사건이나 경험이 특정한 시간과 장소, 조건에 강하게 묶여 있어 다른 맥락으로 쉽게 옮길 수 없는 성질을 말한다. 영상 제작에서 국소성은 실제 현장의 빛, 소리, 분위기처럼 시나리오 단계에서 추상화되며 희미해졌다가 촬영 과정에서 다시 획득되는 현실의 성질이다. 그러나 이러한 환원과 동시에 다른 방향의 증폭이 일어난다. 시나리오는 3막 구조와 같은 서사적 보편성, 시나리오 포맷이라는 표준성, 페이지 수를 통한 시간의 계산 가능성, 장면 구분을 통한 일정과 예산의 계산 가능성, 다양한 미디어로의 전환이 가능한 호환성, 반복 활용이 가능한 순환성, 그리고 서술 가능한 텍스트라는 성격을 획득한다. 즉 시나리오 작업은 실제를 단순히 축소하는 과정이 아니라 실제를 특정한 조건 아래에서 조직하고 이동 가능하게 만드는 번역이자 증폭의 단계라 할 수 있다.

시나리오는 촬영 과정을 거치며 영상으로 변환되면서

다시 국소성, 특수성, 물질성, 다의성, 연속성을 획득한다. 배우의 신체와 의상, 장소의 질감, 빛과 소리, 연속적인 사건들이 개입하면서 추상적 텍스트였던 시나리오는 구체적인 영상으로 재물질화되면서 보는 사람에 따라 다양한 의미로 전달한다. 이후 영상은 편집 과정을 거쳐 표준화된 신호 체계가 적용된 콘텐츠로 압축되며 이 단계에서 다시 호환성, 표준성, 상대적 보편성, 텍스트성, 순환성, 계산 가능성을 획득한다. 표준화된 콘텐츠는 다양한 미디어 환경에서 재생 가능하고, 텍스트로 서술될 수 있으며, 시간과 해상도 단위로 계산 가능하고, 광범위하게 공유될 수 있는 형식을 갖는다. 또 다의성을 띠던 영상은 편집을 통해 의미가 조직되면서 해석이 완전히 같지는 않지만 많은 관객이 공통으로 따라갈 수 있는 상대적 보편성을 갖게 된다.

이러한 콘텐츠를 관객이 수용하고 해석하여 자신의 삶과 경험 속으로 확장할 때 콘텐츠는 다시 국소성, 특수성, 물질성, 다의성, 연속성을 회복한다. 이처럼 각 단계에서 일어나는 변형은 단순한 축소나 확대가 아니라 환원과 증폭이 동시에 작동하는 과정이다. 더 나아가 다른 제작자가 이 콘텐츠를 바탕으로 새로운 시나리오를 기획하고 다시 영화를 제작할 경우, 이 모든 과정은 반복되며 순환 구조를 형성한다. 결국 실제는 각 단계마다 어떤 성질은 잃고 다른 성질은 획득하면서 이미 형성된 인과 관계와 서사의 흐름을 따라 가역적인 번역의 연쇄 속에서 순환한다. 영상 제작은 이러한 인간과 비인간 행위자들의 상호작용을 통해 번역과 순환을 거듭하며 실제를 끊임없이 새롭게 재구성하는 실천이다. 여기에 최근에는 AI라는 새로운 행위자가 개입하면서 이 번역의 연쇄는 더욱 복잡하고 다층적인 양상을 띠게 되었다(권승태, 2025).

참고문헌

권승태(2025). "AI 영상 제작의 구조와 흐름: 기호학과 행위자-네트워크 이론을 중심으로". 《기호학 연구》, 79, 7~36쪽.

김문조(2025). 《포스트소셜사회론-AI문명 시대의 미래》. 다산출판사.

김성도(2020). 《구조에서 감성으로: 그레마스의 기호학 및 일반 의미론의 연구》(개정증보판). 고려대학교 출판문화원.

김연철·이준석(2016). "행위자-연결망 이론(ANT)과 사변적 실재론(SR)의 접점: '해석적 유연성' 개념으로 본 '책임 있는 연구와 혁신'". 《사회와 이론》, 28, 105~152쪽.

김홍중(2022). "21세기 사회이론의 필수통과지점: 브뤼노 라투르의 행위 이론". 《사회와 이론》, 43, 7~56쪽.

김환석(2018). "사회과학의 새로운 패러다임, 신유물론". 《지식의 지평》, 25, 81~89쪽.
Alldred, P. & Fox, N. J.(2017). Young bodies, power and resistance: A new materialist perspective. *Journal of Youth Studies, 20*(9), pp.1161~1175.
Coole, D. & Frost, S.(2010). Introducing the new materialisms. *New Materialisms: Ontology, Agency, and Politics*, pp.1~43.
Holbraad, M. & Pedersen, M. A.(2017). *The Ontological Turn: An Anthropological Exposition*. Cambridge University Press.
Latour, B.(1996). On Actor-network Theory: A few Clarifications. *Soziale Welt, 47*(4), pp.369~381.
Latour, B.(1999). *Pandora's Hope: Essays on the Reality of Science Studies*. Harvard University Press.
Latour, B.(2005). *Reassembling the Social: An Introduction to Actor-Network-Theory*. Oxford University Press.
Law, J.(1999). After ANT: complexity, naming and topology. *The Sociological Review, 47*(S1), pp.1~14.
Lowrie, I.(2015). Corporeal and Incorporeal Machines. Los Angeles Review of Books. https://lareviewofbooks.org/article/corporeal-and-incorporeal-machines-new-materialism/

01
AI 영상 제작의 정체성

영상 제작이 인간과 AI가 협업하는 새로운 창작 구조로 재편되면서 복제적 실사 이미지 중심의 복잡한 체계와 절차적 과정의 창의적 공동 작업에서 확률적 가상 이미지 중심의 단순한 체계와 실시간 과정의 자동화된 개인 작업으로 확장하고 있다. AI 영상 제작은 제작 시간과 비용을 획기적으로 줄이는 장점을 지니는 동시에 캐릭터 일관성과 서사적 연속성이라는 한계를 드러낸다.

기후 위기와 인공지능?

영상 제작의 대중화와 AI

19세기 초반 카메라는 은으로 코팅한 금속판, 감광액을 바른 종이나 유리판을 사용해 오로지 실제를 기계적·화학적으로 기록했다. 그때 감광 매체의 감도, 초점, 노출 시간, 조리개 등을 인간이 직접 수동으로 설정해야 했다. 그러나 1888년 코닥은 "버튼만 누르면 나머지는 우리가 알아서 합니다(You press the button, we do the rest)"라는 카피 문구로 사진 촬영을 대중화했다. 이때 코닥 카메라는 노출 시간과 조리개를 상황에 따라 자동으로 계산해 조절한 것은 아니었지만 평균적인 야외 촬영 조건에 맞춰 미리 고정된 설정을 적용함으로써 사용자가 이를 직접 조절하지 않아도 되도록 설계하였다. 더 나아가 촬영 이후의 필름 처리와 현상·인화 과정을 사용자로부터 분리해 현상소로 외주화함으로써 카메라의 대중화를 실현했다. 물론 현재 스마트폰의 카메라는 AI 기능이 탑재되어 촬영의 전 과정을 자동으로 처리한다. 카메라는 촬영 순간에 장면을 인식해 인물, 풍경, 야경, 음식 등을 구분하고 이에 따라 노출, 조리개 값에 해당하는 밝기 보정, 셔터 속도, ISO, 화이트 밸런스, 색감, 대비, 선명도 등을 자동으로 계산해 적용한다. 또한 얼굴 인식과 자동 초점, 흔들림 보정, HDR 합성, 저조도 보정,

노이즈 제거, 심도 효과와 같은 후처리까지 실시간으로 수행하며 사용자는 버튼을 누르는 것만으로 최적화된 이미지를 얻을 수 있다. 이처럼 촬영 전 과정이 알고리즘에 의해 통합적으로 이루어지면서 영상 촬영은 고도의 기술적 판단 없이도 가능해졌다. 그럼에도 불구하고 영상 제작은 촬영에만 국한되지 않고 스토리 구성, 연기, 음악, 그래픽 등 여러 예술적 요소가 결합된 종합예술이기 때문에 오랫동안 완전한 자동화는 불가능한 영역으로 여겨져 왔다.

그러나 최근 헤이젠(HeyGen), 신세시아(Synthesia), 인비디오 AI(InVideo AI), 브루(Vrew), 루멘(Lumen), 비드(Veed) 등의 서비스를 이용해 주제만 프롬프트 창에 입력하면 AI가 자동으로 스토리를 창작하고 가상 인간을 출연시키고 배경을 다양한 영상으로 합성해 비디오를 제작해 준다. 이런 서비스를 사용하면 유튜브 숏츠나 SNS 광고 영상을 빠르게 뽑아 낼 수 있다. 물론 아직까지 영상의 질이 인간이 제작한 영상보다는 떨어지지만 현재 같은 기술 속도를 고려할 때 그 차이가 빠르게 좁혀질 가능성이 크다(권승태, 2025).

영상 콘텐츠는 이미지, 사운드, 텍스트 등의 단일 모달리티(Modality) 데이터와 달리 복합 모달리티 데이터가 프레임을 통해 순차적으로 표출된다는 특징이 있다. 그러므로 시나 소설이나 음악에 비해 영상 콘텐츠의 생성은 AI에게 기술적으로 더 높은 난이도를 요구한다(손정우 외, 2019). AI는 영상 제작의 자동화라는 기술적 가능성을 실현했지만 이러한 복합성과 난이도로 아직 기존 영상 제작의 품질 수준에 완전히 도달하지 못한 상태에 있다.

AI 영상 제작의 장점과 한계

기존 영상 제작은 복잡한 체계와 절차적 과정을 전제로 하므로 제작에 많은 시간과 비용이 소요된다. 이에 비해 AI 영상 제작은 개인의 명령에 따라 AI가 즉각적으로 결과물을 생성함으로써 제작 시간과 비용을 대폭 절감할 수 있다. 권한슬 감독은 두바이 AI 영화제 대상 수상작인 〈원모어펌킨(One More Pumpkin)〉(2023) 제작 경험을 바탕으로 AI 기반 영상 제작이 지니는 경제성과 효율성을 강조한 바 있다. 그는 기존 제작 방식이라면 수십억 원의 제작비가 필요했을 SF 단편 영화 〈멸망의 시(Poem of Doom)〉(2024)를 AI를 활용해 단 5명의 인력과 2주간의 제작 기간, 그리고 소프트웨어 사용료만으로 완성했다고 밝혔다. 그러나 이러한 효율성은 새로운 한계를 동반한다. 그는 원하는 장면을 얻기 위해 프롬프트를 최대 300회까지 수정해야 했으며 반복적인 시도에도 불구하고 끝내 생성되지 않는 컷이 존재했다고 언급했다(구도형 외, 2024).

또한 현재의 AI 기술로는 스토리 전개에 필수적인 일관된 캐릭터를 안정적으로 유지하며 생성하는 데 어려움이 따른다. 이로 인해 AI 생성 이미지는 장면 간 연속성이 크게 요구되지 않는 광고나 홍보 영상과 같은 형식에 상대적으로 적합한 특성을 보인다. 이러한 사례는 AI 영상 제작이 기존 제작 방식의 시간과 비용 문제를 효과적으로 해결하지만 서사적 연속성과 캐릭터 구축이라는 핵심 영역에서는 여전히 제약을 지니고 있음을 보여 준다. 그러나 이러한 일관성과 연속성의 한계 역시 현재의 AI의 발전 속도를 고려한다면 몇 년 안에 해결될 것으로 보인다(권승태, 2025).

AI 영상 제작 과정과 제작진

기존 영상 제작은 사전 제작(pre-production), 제작(production), 후반 작업(post-production)이라는 비교적 명확한 순차적 단계를 갖는다. 사전 제작 단계는 기획, 구성, 콘티 · 스토리보드 작성, 촬영 일정표 작성, 오디션, 리허설, 세트 제작, 소품과 의상 준비 등의 다양한 준비 작업 과정을 갖는다. 제작 단계에는 촬영과 녹음이 동시에 이뤄지며 후반 작업 단계에는 편집, VFX, 사운드 디자인, 색 보정 등의 작업을 통해 영상을 완성한다.

반면 AI 영화 제작은 이 세 가지 단계를 동시에 할 수 있다는 큰 차이가 있다. 마치 작가가 영감이 떠올라 글을 작성하듯이 멋진 장면이 떠오르면 그 이미지를 생성하고 생성한 이미지를 움직여 비디오로 만들고 그 비디오에 어울리는 오디오까지 만든 후 편집기의 타임라인에 붙이고 그 다음 장면을 떠올린 후 앞의 과정을 계속 반복하다 보면 영화가 완성된다.

기존 세 단계를 통합하는 제작 방식을 갖는 AI 영상 제작은 기본적으로는 입력과 출력이라는 두 단계로 구성된다. 입력에는 텍스트, 이미지, 비디오, 사운드, 스케치 등이 사용되고 출력은 생성된 영상으로 나타난다. 물론 생성된 영상을 그대로 사용하는 경우는 드물다. 프롬프트를 수정해 다시 생성하거나 저해상도로 출력된 영상을 업스케일하고, 포토샵이나 프리미어 프로와 같은 기존 편집 도구를 활용해 보완 · 수정하는 과정이 뒤따르는 경우가 많다. 이러한 후속 작업을 '최적화'라고 부를 수 있다면 AI 영상 제작의 과정은 입력-출력-최적화라는 세 단계로 정리할 수 있다.

이처럼 AI 영상 제작자는 기존 영상 제작에서 사전 제작 단계에 해당하던 복잡한 기획과 준비 과정을 프롬프트 설계로 압축하고 촬영 단계를 생성 알고리즘으로 대체함으로써 전체 제작 과정을 대폭 축소한다. 그 결과 AI 영상 제작은 전통적인 영상 제작과는 다른 시간 구조와 노동 분업, 그리고 창작의 방식 자체를 형성하게 된다.

기존 영상 제작에서 제작진은 프로듀서, 연출자, 촬영 감독, 조명 감독, 미술 감독, 녹음 감독, 편집자, 사운드 디자이너, VFX 아티스트, 음악 감독, 컬러리스트 등 세분화된 전문 인력의 계열로 구성된다. 각 직군은 서로 다른 역할과 책임을 맡아 협업하며 하나의 영상을 완성한다. 반면 AI 영상 제작에서는 이러한 제작진 구성이 크게 축소된다. 기본적으로는 프롬프트를 설계하는 프롬프트 엔지니어와 생성된 결과물을 다듬는 편집자 정도가 핵심 인력이 된다. 만약 소라(Sora), 베오(Veo), 클링(Kling)과 같은 범용 서비스가 아니라 특정 작업에 특화된 AI 모델을 직접 개발하는 경우에는 모델을 설계하고 학습시키는 개발자가 추가적으로 필요해진다. 실제로 현대자동차의 AI 광고 사례에서는 영상 속 트럭 캐릭터부터 배경, 음악의 작사와 작곡까지 전 과정을 100% AI

로 제작했는데 이를 위해 트럭을 360도로 촬영한 200~300장의 이미지를 AI 학습 데이터로 활용한 것으로 알려져 있다. 이 경우는 AI 영상 제작에서 촬영 과정이 사라진 대신 데이터 수집과 학습이라는 새로운 형태의 작업이 추가되었음을 보여 준다(윤권수 외, 2024).

인간-AI 협업으로서 AI 영상 제작

AI 생성 이미지는 기계가 자율적으로 생산한 결과물이 아니라 인간의 경험과 기술을 결합한 산물이다. 학습 데이터의 선별 과정에서는 인간의 문화적 경험과 가치 판단이 개입하며 알고리즘 설계 단계에서는 개발자의 기술적 선택이 이미지의 스타일과 특성을 규정한다(권승태, 2024). 이러한 점에서 데이터는 고정된 자원이 아니라 인간과 데이터 간의 상호작용 속에서 형성되는 관계적 연결이자 에이전시(agency)로 이해할 수 있다. 여기에 AI를 새로운 에이전시로 추가하면서 생성 과정은 인간-데이터-AI가 상호작용하는 삼각 구조를 형성한다(Kalpokas, 2023).

에이전시를 특정 목표를 향해 작동하는 행위 능력으로 정의할 경우 기존 영상 제작은 에이전트(agent)로서 인간들 간의 상호작용을 중심으로 이루어진다고 볼 수 있다. 이에 비해 인간-AI 협업 영상 제작은 이러한 인간 중심의 상호작용 구조에 AI라는 새로운 에이전트를 포함함으로써 제작 과정 전반의 행위 주체 구성을 변화시키는 방식으로 작동한다. 이는 영상 제작에서 협업과 창의성이 발현되는 조건 자체가 재편되고 있음을 시사한다.

AI 영상 제작의 정체성

영상은 뤼미에르 형제가 선보인 최초의 영화처럼 단순한 실제의 재현에서 출발했다. 이 시기 영상은 인간의 개입 없이 현실을 자동으로 기록하는 미디어로서 강한 사물성을 지니며 탄생했다. 그러나 영상은 숏(shot)이라는 단위로 분화되고 분절된 숏들이 재구성되면서 고유한 표현 체계를 형성했고 그 결과 제7의 예술로 자리 잡았다. 이 과정에서 영상은 더 이상 사물의 흔적에 머물지 않고 분절과 배열을 통해 인간의 내면과 감정, 보이지 않는 세계까지 표현하는 시각 언어 미디어로 발전했다.

이후 영상이 디지털화되면서 분절의 단위는 숏을 넘어 픽셀(pixel) 수준으로 이동했다. 디지털 영상은 픽셀을 자유롭게 결합하고 변형함으로써 현실에 존재하지 않는 이미지와 추상적 형상을 적극적으로 생성하기 시작했다. 이러한 영상의 추상화는 생성형 AI의 등장으로 한 단계 더

심화된다. AI는 기존 영상처럼 실제를 기계적으로 복제하지 않고 실제를 복제해 축적한 데이터로부터 본질적인 요소를 추출해 현실에는 존재하지 않는 새로운 이미지를 생성한다. 이마누엘레 아리엘리(Emanuele Arielli)는 이러한 데이터의 정수를 재구성하는 과정을 '인공 플라톤주의(Artificial Platonism)'로 설명하며 AI가 잠재 공간(latent space)에 존재하는 가능성의 본질을 하나의 인스턴스로 물질화한다고 본다(2023).

비록 영상이 이처럼 추상 예술의 영역까지 확장되었지만 기존 영상 제작은 여전히 실사 이미지를 중심으로 이루어진다. 뉴스나 다큐멘터리뿐 아니라 영화와 드라마에서도 관객은 영상을 실제의 반영으로 받아들인다. 이는 기존 영상 제작이 실제를 기계적으로 복제하는 과정에서 제작자 개인의 감정이나 의도가 직접 개입되지 않는다고 인식되기 때문이다. 관객은 편집 이전에 촬영된 이미지 자체가 지닌 사물성을 신뢰한다. 반면 AI 영상 제작은 출발점부터 가상 이미지를 생성한다. 그럼에도 이러한 가상 이미지는 실제 인간 사회의 문화를 투명하게 반영한다. AI가 학습한 데이터 자체가 인간 문화의 산물이며 이를 추출하고 재구성한 이미지 역시 사진처럼 인간의 직접적 개입 없이 생성된 결과로 인식되기 때문이다.

이러한 점에서 기존 영상과 AI 생성 영상은 모두 개인의 감정이나 의도로부터 상대적으로 독립된 사물성을 지닌다고 볼 수 있다. 다만 기존 영상이 실제를 복제한 결과로서의 '복제적 사물성'을 갖는다면, AI 생성 영상은 확률적 계산을 통해 도출된 '확률적 사물성'을 지닌다. 따라서 기존 영상이 사실을 있는 그대로 드러내는 구체성, 필연성, 명증성을 강조한다면 AI 생성 영상은 실제 여부와 무관하게 사실을 그럴듯하게 드러내며 추상성, 우연성, 개연성을 중심으로 작동한다(권승태, 2024). 이 차이는 영상이 현실과 맺는 관계가 재현에서 생성으로 확장하고 있음을 보여 주는 핵심적인 징후라 할 수 있다.

최근 이미지 생성형 AI는 트랜스포머 모델과 확산 모델을 활용해 수백만 장의 실제 이미지 데이터세트로부터 현실의 패턴, 형태, 스타일, 색상과 같은 시각적 규칙을 학습한다. AI는 이 학습 결과를 바탕으로 잠재 공간에서 점진적인 변형 과정을 수행하며 입력된 조건에 부합하는 새로운 이미지를 생성한다. 이 과정은 기존 이미지를 단순히 결합하거나 복제하는 방식이 아니라 학습된 통계적 패턴을 재구성해 결과를 예측하는 시뮬레이션에 가깝다. 이러한 생성 방식은 자연의 복잡계에서 국소적 상호작용이 누적되며 예측 불가능한 질서를 만들어 내는 창발성의 구조와 일정한 유사성을 지닌다.

이에 비해 기존 영상 제작은 촬영 단계의 미장센(mise-en-scéne)과 편집 단계의 몽타주(montage)를 통해 실제를 재구성하며 이 과정에서 제작자의 의도와 판단이 명확하게 개입한다. 장면의 구성과 배열은 대부분 사전에 설정된 서사적 목적과 표현 의도에 따라 조직되며 결과적으로 인과관계가 비교적 분명한 필연성을 띤다. 물론 기존 영상 제작에서도 우연한 사건이나 즉흥적 선택이 창발적 경험을 만들어 낼 수 있지만 이는 기본적으로 인간의 계획과 통제 구조 안에서 발생한다.

반면 AI 영상 제작을 인간이 프롬프트를 입력하고 이후의 생성 과정을 AI가 자율적으로 수행하는 방식으로 볼 경우 그 결과는 제작자의 직접적 의도와 거리감을 갖는 확률적 산물로 나타난다. 생성 결과는 특정한 목적에 의해 하나로 수렴하기보다 학습된 분포와 확률 계산에 따라 여러 가능성 중 하나로 실현된다. 이러한 점에서 AI 영상 제작은 기존 영상 제작이 지닌 의도 중심의 필연성과 달리 비결정성과 우연성을 구조적으로 내포한 창작 방식으로 이해할 수 있다.

위의 내용을 종합해 볼 때 기존 영상 제작은 복제적 실사 이미지 중심의 복잡한 체계와 절차적 과정의 창의적 공동 작업이라고 할 수 있고 AI 영상 제작은 확률적 가상(합성) 이미지 중심의 단순한 체계와 실시간 과정의 자동적 개인 작업이라 할 수 있다. 그러나 이는 AI 영상 제작의 특징을 선명하게 드러내기 위해 편의적으로 기존 영상 제작과 대립 구도로 분석한 것이고 실제 현장에서는 이렇게 극단적으로 양분되어 진행되지 않고 새로운 행위자로서 AI를 부분적으로 활용하는 공동 작업과 AI를 전적으로 활용하는 개인 작업으로 구분할 수 있다.

참고문헌

구도형 외(2024). 《AI는 어떻게 예술이 되는가》. 스튜디오사월.

권승태(2024). "AI 생성 이미지의 정체성과 시각 예술의 변화". 《영상문화》, 45, 5~28쪽.

권승태(2025). "AI 영상 제작의 구조와 흐름: 기호학과 행위자-네트워크 이론을 중심으로". 《기호학 연구》, 79, 7~36쪽.

손정우 외(2019). "인공지능 기반 영상 콘텐츠 생성 기술 동향". 《전자통신동향분석》, 34(3), 34~42쪽.

윤권수 외(2024). 《생성형 인공지능으로 영화만들기》. 스토리피아.

Arielli, E.(2024). Human Perception and The Artificial Gaze. In Manovich, L. & Arielli, E. *Artificial Aesthetics*(Chapter 6). [Online]. https://manovich.net/index.php/projects/artificial-aestheti

cs

Kalpokas, I.(2023). Work of art in the age of its AI reproduction. *Philosophy & Social Criticism, 51*(8), pp.1268~1286.

02
영상 제작의 변화

영상 제작은 필름과 비디오, 디지털 기술을 거치며 인간과 비인간 행위자가 얽힌 행위자-연결망 속에서 변화해 왔다. 초기 영화 제작은 소수 전문가와 고가의 장비에 의존한 폐쇄적 공동 작업이었으나 디지털 전환과 플랫폼의 확산으로 개인 창작과 네트워크 유통이 가능해졌다. 생성형 AI는 제작 과정에 능동적으로 개입하며 촬영, 편집, 서사 구성까지 자동화한다.

노래하는 AI 보컬?

행위자-연결망의 변화

영화의 탄생 초기 영화 제작은 극소수 전문가와 고가의 필름과 장비가 주도하는 연결망이었다. 그러므로 초기 영화 제작은 일반이 접근하기가 어려웠다. 그러므로 그 연결망은 영화감독, 촬영 감독, 배우, 필름 현상 기사, 편집 기사 등 인간 행위자와 필름, 카메라, 삼각대, 조명기, 인화기, 편집기, 영사기 같은 비인간 행위자들이 긴밀히 엮인 폐쇄적 동맹 형태였다. 초기 영화 제작의 행위자-연결망에서는 필름 그 자체가 강력한 비인간 행위자로 기능했다. 초기 필름의 특성(현상 시간 필요, 1회용, 고가, 동시 녹음 불가, 고정된 중량 카메라 등)은 인간 제작자들의 행동을 제약했고 결과적으로 영화의 내용과 형식을 규정했다. 당시 영화는 그래서 스튜디오 실내에서 촬영한 정적이고 연극적 구성을 띤 흑백 무성 영화라는 한계를 갖는다. 반대로 제작자들은 필름의 한계를 보완하기 위한 새로운 기술을 모색하게 되었다. 이러한 인간-필름 상호작용이 다음 단계 기술 혁신의 동인이 되었으며 이는 1950년대 중반 비디오테이프의 등장을 촉발시켰다.

비디오테이프 기술의 도입은 기존 필름 연결망의 여러 제약을 타파했다. 첫째, 녹화된 영상을 바로 확인할 수 있다는 점에서 제작 워크플로가 혁신되었다. 필름 시대에는 촬영 후 현상을 마쳐야만 결과를 볼 수 있었지만 VTR 시대에는 즉석에서 카메라 영상을 모니터로 확인하고 필요한 경우 재촬영을 결정할 수 있었다. 둘째, 영상과 음향을 동기화하여 동시에 기록할 수 있게 되어 필름처럼 영상을 찍고 나중에 소리를 입히는 번거로움이 사라졌다. 셋째, 테이프 매체는 지웠다가 다시 사용할 수 있어 필름에 비해 경제적이었다. 비디오라는 새로운 행위자가 등장하면서 영화의 내용과 형식도 변화한다. 연극적인 사건 중심의 서사보다 일상, 관찰의 다큐멘터리가 급증하고 즉흥적인 촬영이 가능해져 즉흥 연기가 부상했고 비디오의 낮은 화질로 화면의 완결성보다 촬영 순간의 분위기와 상황을 그대로 전달하는 현장성이 중요한 미학적 기준으로 자리 잡았다(Rubin, 2000).

비디오카메라와 VTR라는 새로운 비인간 행위자들이 뉴스 제작 등 특정 분야에서 인간 행위자의 구성을 변화시켰다. 필름 현상 기사나 영사 기사 등의 역할은 줄어든 반면 비디오 엔지니어나 편집 기사의 역할이 부상했다. 또한 방송 현장에는 기술 감독, 테이프 라이브러리 관리자 등 새로운 행위자가 참여하게 되었다. 행위자-연결망의 규모와 성격도 바뀌어 예전엔 한 스튜디오 안에서 이뤄지던 제작이 이동식 중계차, 무선 마이크, 마이크로파 송신기 등의 기술 행위자를 통해 현장으로 확장되었다. 이는 영상 제작 네트워크의 공간적 파급을 보여 준다. 영상 제작이 더 이상 스튜디오라는 한정된 공간에 묶이지 않고 현장 네트워크로 펼쳐진 것이다.

디지털 기술과 인터넷 플랫폼의 융합은 행위자-연결망을 거대하고 복잡한 형태로 재편했다. DV 카메라, 개인용 컴퓨터, 편집 소프트웨어, 인터넷이라는 다양한 비인간 행위자들이 개인 창작자와 결합하여 전 지구적 스케일의 플랫폼 네트워크를 형성한 것이다. 예를 들어 한 유튜브 영상의 이면에는 크리에이터 개인뿐 아니라 유튜브 알고리즘, 댓글을 다는 시청자, 광고주, 콘텐츠 추천 AI 등 수많은 행위자가 얽혀 있다. 이처럼 미시적 창작 네트워크와 거시적 플랫폼 네트워크가 연결됨으로써 영상 제작의 사회적 의미도 변화했다. 이제 영상은 단일 완결된 작품이라기보다 플랫폼상에서 끊임없이 소비되고 재가공되는 파편화된 콘텐츠로서 유통된다. 하나의 영상이 클립으로 잘려 짧은 밈(meme)으로 확산되거나 리믹스되는 등 디지털화된 형태로 재조립되는 현상이 나타난다. 이는 영상 콘텐츠가 더 이상 고정된 완성물이 아니라 네트워크 속에서 진화하는 객체가 되었음을 시사한다. 기술적으로도 API나 크롤러 등 비인간 행위자가 개입하여 영상을 다른 맥락에 자동으로 삽입하거나 추천하는 등 영상의 맥락적 경계가 유동적이 되었다.

디지털 매체와 디지털 장비, 디지털 포맷이라는 새로운 비인간 행위자는 영상의 내용과 형식을 동시에 재편했다. 제작 비용과 실패의 부담이 낮아지면서 영상의 내용은 완결된 사건 중심의 서사에서 벗어나 브이로그(V-log)와 같은 일상적 기록과 개인적 경험을 중심으로 확장되었다. 동시에 좀비, 빙의, 시공 파괴, 타임리프(time leap), 환생과 같은 탈현실적 서사가 폭넓게 부상했다. 이러한 서사들은 디지털 합성과 편집 기술을 통해 비교적 낮은 비용으로 구현 가능해지면서 일상적 현실과 비현실적 상상이 자연스럽게 결합되는 양상을 보인다.

디지털 전환은 영상 형식의 측면에서도 변화가 뚜렷하다. 점프컷과 합성 영상이 보편화되었고 모바일 환경에 최적화된 9:16 비율과 같은 새로운 프레임 구성이 일반화되었으며 추천 알고리즘에 적합하도록 짧은 시간 안에 주목을 끄는 자극적이고 후킹하는 영상이 주요 형식으로 자리 잡았다. 그 결과 영상은 더 이상 단일한 완결 작품이 아니라 플랫폼의 기술적 조건과 알고리즘 논리에 따라 분절·재구성되며 현실과 비현실을 넘나드는 가변적 콘텐츠로 이해되기 시작했다(권승태, 2022).

생성형 AI는 영상 제작 행위자-연결망 안에서 단순한 도구를 넘어 스스로 변수를 생성하며 흐름을 재조정하는 능동적 행위자(agent)로 등장했다. 이로 인해 영상의 형식과 내용은 기존의 디지털 전환을 넘어 근본적인 재편을 겪고 있다. 형식의 측면에서 생성형 AI는 카메라가 빛의 흔적을 기록하던 지표적 이미지의 논리에서 벗어나 잠재 공간 안에서 계산된 확률적 데이터가 시각화되는 단계로 진입시킨다. 이 과정에서 영상은 더 이상 현실의 연속적 재현이 아니라 수많은 가능성 중 하나가 선택되어 나타난 생성물로 구성된다. AI가 만들어 내는 형태적 왜곡, 경계의 불안정성, 신체와 공간의 비정합성은 과거 기술적 오류의 부산물이 아니라 디지털 환경 고유의 미학으로 전환되며 디지털 그로테스크라는 새로운 시각적 양식으로 자리 잡는다. 이러한 변화는 고정된 프레임과 안정된 형식을 전제로 했던 영상의 물질성을 해체하고 영상을 유동적인 데이터 집합으로 변모시킨다.

공동 작업으로 영상 제작

영상 제작은 촬영, 작가, 편집 등 각 분야의 전문가들이 협업하여 완성하는 작업이다. 이때 가장 중요한 요소는 원활한 상호작용(소통)이며, 이를 위해서는 모든 전문가가 전체 그림을 명확하게 이해해야 한다. 예를 들어 촬영 감독은 카메라만 잘 다루는 것이 아니라 스토리를 이해하고 구성하는 능력과 편집적 감각을 지녀야 한다. 그래야 편집할 만한 영상을 촬영하고 이야기 흐름에도 맞는 장면을 확보할 수 있다. 작가 또한 글을 잘 쓰는 능력에만 집중해서는 안 된다. 영상적 표현과 구성에 대한 이해가 함께 뒤따라야 촬영과 편집 과정을 고려한 탄탄한 스토리를 구성할 수 있다. 이러한 이유로 시나리오 작성은 연출자나 감독이 맡는 경우가 많다. 그러나 현실적으로는 촬영 감독이 상세한 대본을 쓰기 어렵거나 작가가 카메라 조작과 편집 기술에 익숙하지 못한 경우가 대부분이다. 결국 전문가들이 영상 제작 전 과정을 통합적으로 이해하고 있다 해도 실제 작업에서는 각자 전문 분야에만 집중하기 마련이다.

공동 작업에서 카메라, 조명 장비, 편집 프로그램, 스크립트, 세트장 등의 비인간 행위자도 중요한 역할을 한다. ANT 관점에서 이들은 단순히 도구나 수동적인 대상이 아니라 상호작용하는 연결망의 핵심 요소다. 예컨대 카메라 종류와 성능은 영상의 화질과 스타일을 결정하고 편집 소프트웨어의 기능은 편집자의 작업 흐름을 조정하여 최종 결과물을 형성한다. 영상 제작 기술의 변천은 단순한 도구의 발전이 아니라 인간 제작자와 기술 행위자들 간 관계망의 진화 과정으로 볼 수 있다. 인간이 기술과 분리될 수 없는 조건 속에서 인간은 도구를 활용한다는 생각을 넘어 기술과 어떻게 함께 살아갈 것인가를 모색해야 한다.

개인 작업으로 영상 제작

기존 영상 제작에서는 사전 제작 소프트웨어를 비롯해 촬영기와 리그(Rig) 장비, 녹음기, 조명기, 편집기 등 다양한 장비 계열이 함께 작동한다. 이러한 장비들은 각기 다른 전문 인력과 결합해 기능을 수행하므로 기존 영상 제작은 필연적으로 다수의 제작진이 참여하는 공동 작업의 형태를 띤다. 반면 AI 영상 제작에서는 AI 시스템과 편집기만 있으면 제작이 가능하다. 이로 인해 AI 영상 제작은 개인 단위의 작업이라 할 수 있다.

기존 영상 제작은 다수의 제작진이 협업하는 공동 작업의 형태를 취하므로 역할 분담과 의사소통 과정에서 어려움이 발생할 수 있다. 그러나 제작진 간 소통이 원활하게 이루어질 경우 각자의 전문성이 상호 보완되면서 시너지 효과가 발생하고 결과물의 완성도 역시 크게 향상된다. 반면 AI 영상 제작은 제작 인력이 AI로 대체되면서 제작진 간 소통 비용이 상대적으로 낮아지지만 인간 제작진 사이에서 발생하던 집단적 시너지 효과를 형성하기는 어렵다. 그러므로 AI를 통해 쉽게 1인 제작이 가능해지더라도 고예산이 투입되어 최고의 완성도가 요구되는 프로젝트라면 여전히 여러 전문가들이 협업하는 방식이 유지될 것이다. 다만 이 경우에도 AI의 도움으로 작업 속도가 빨라지고 다양한 선택지를 손쉽게 검토할 수 있어 제작 효율은 더욱 높아진다. 결국 중·저예산 프로젝트에서는 AI 활용이 더욱 각광받을 가능성이 크고 대형 프로젝트도 AI를 부분적으로 도입해 작업 환경을 개선할 것으로 전망된다. 협업과 소통 문제를 줄이면서도 경제성과 효율성을 함께 높일 수 있는 도구로서 AI는 영상 제작의 패러다임을 바꿀 중요한 열쇠가 될 것이다.

기존의 1인 미디어 제작자 역시 전업으로 활동할 경우 촬영, 음향, 편집 등 여러 역할을 분담하기 위해 공동 작업을 수행해 왔다. 그러나 AI 영상 제작에서는 촬영과 편집을 포함한 다수의 제작 단계가 생성 알고리즘에 의해 처리되면서 개인 작업만으로 콘텐츠를 생산할 수 있는 가능성이 열린다. 이는 영상 제작이 공동 작업을 전제로 형성해 온 기술적·조직적 조건이 근본적으로 변화하고 있음을 보여 준다.

AI가 스토리 구성부터 영상 제작, 편집에 이르는 모든 단계를 수행하게 되면서 프롬프트 입력만으로 이야기가 담긴 영상이 자동으로 생성되고 기초 편집까지 가능해지고 있다. 덕분에 촬영 감독, 편집 감독, 작가 등 누구라도 자기 아이디어를 텍스트, 사운드, 이미지, 비디오 형태로 구현할 수 있게 되었다. 즉 이전에는 디테일한 기술이 부족해서 시도하기 어려웠던 통합적 작업을 AI의 지원으로 가능하게 만든 것이다.

앞으로 개인 작업으로 AI 영상 제작에서 필요한 역량은 카메라나 편집 프로그램을 직접 다루는 세부 기술보다는 시청각적 요소를 선별 · 결합하는 능력이 될 것이다. 이는 곧 한 분야에서 오랜 경험을 쌓아 통합적인 시각을 갖춘 전문가라면 과거보다 훨씬 수월하게 다양한 역할을 동시에 수행하면서 독립적인 개인 작업을 수행할 수 있음을 의미한다.

참고문헌

권승태(2022). "유튜브 사용자 제작 콘텐츠(UGC)의 시각 정체성". 《미술문화연구》, 22, 179~199쪽.

권승태(2024). "AI 생성 이미지의 정체성과 시각 예술의 변화". 《영상문화》, 45, 5~28쪽.

권승태(2025). “AI 영상 제작의 구조와 흐름: 기호학과 행위자-네트워크 이론을 중심으로”. 《기호학 연구》, 79, 7~36쪽.
Rubin, M.(2000). Nonlinear: A Field Guide to Digital Video and Film Editing. Triad Publishing. 하상목 옮김(2009). 《논리니어, 비선형디지털영상편집》. 커뮤니케이션북스.

03
사전 제작에서 행위자의 상호작용

기획과 시나리오 단계에서 영상 제작은 개인의 창작이 아니라 인간과 비인간 행위자가 얽힌 행위자-연결망 속에서 이루어진다. 최근 AI는 아이디어 제안, 시나리오 초안 작성, 시각적 기획, 흥행 분석까지 개입하며 기획을 하나의 선택과 협상의 과정으로 전환시킨다. 사전 제작 단계에서도 AI 기반 플랫폼과 문서들은 일정, 예산, 인력 배치를 자동으로 조직하며 촬영 현장의 질서를 형성하는 핵심 행위자로 기능한다.

인공지능과 편향?

기획과 구성에서 행위자의 상호작용

영상 제작에서 프로듀서, 연출자, 작가가 수행하는 기획과 구성의 단계는 실제 세계를 시나리오나 스토리보드로 옮기는 번역의 출발점에 해당한다. 이 단계는 흔히 개인의 사유에서 시작되는 창작 행위로 이해되지만 실제로는 이미 다층적인 행위자-연결망 속에서 이루어진다. 초기 기획 단계부터 제작사의 요구, 투자 조건, 장르 관습, 관객의 기대, 배급 구조, 플랫폼의 선호 알고리즘과 같은 비인간 행위자들이 개입한다. 기획자의 선택은 이러한 조건들과의 협상 속에서 형성된다. 따라서 영상 제작의 기획은 순수한 개인 작업이라기보다 인간 행위자와 비인간 행위자가 얽힌 연결망 안에서 현실을 이야기의 형태로 번역하는 집합적 실천으로 이해할 필요가 있다.

작가는 실제 세계에서 발생 가능한 사건들을 선택해 3막 구조(three-act structure)나 기승전결과 같은 보편적 극적 틀에 맞추어 시나리오를 구성한다. 특히 할리우드 장편영화 제작에서 통용되는 3막 8시퀀스 구조는 단순한 서사 기법이 아니라 특정 산업과 시장, 제작 시스템 속에서 제도화된 내러티브 규범으로 기능해 왔다(권승태, 2012). 이 구조는 관객에게 서사적 흐름을 명확하게 전달하는 동시에 상업적 안정성을 확보하는 장치로 작동하며 제작비 회수와 배급을 전제로 한 산업 논리와 긴밀히 결합하여 유지되어 왔다. 이러한 점에서 3막 구조는 자연적이거나 보편적인 서사 법칙이기도 하지만 동시에 할리우드 산업 구조 속에서 안정화된 비인간 행위자로 볼 수 있다.

이 과정에서 내러티브 포맷을 구현하는 기술 역시 중요한 행위자로 개입한다. 예를 들어 파이널드래프트(Final Draft)와 무비매직스크린라이터(Movie Magic Screenwriter) 같은 소프트웨어는 할리우드 표준 포맷을 자동으로 적용해 시나리오를 작성하도록 유도한다. 이들 소프트웨어는 장면 헤드라인, 지문, 대사의 배치, 러닝타임 환산을 자동화함으로써 작가가 할리우드 표준 포맷에 충실하게 시나리오를 작성하도록 유도하는 행위자다.

최근에는 이러한 기획 · 구성 단계에 AI 서비스들이 새로운 행위자로 등장하면서 연결망의 구조가 한층 더 복잡해지고 있다. 예를 들어 챗지피티(ChatGPT), 클로드(Claude), 수도라이트(Sudowrite)는 로그라인(logline) 작성, 시놉시스 확장, 3막 구조에 따른 시퀀스 분해, 캐릭터의 욕망과 갈등 설정을 제안한다. 이들 AI는 이야기를 대신 작성하기보다 가능한 서사 경로를 다수 생성해 작가가 선택하도록 만든다. 이로써 기획 · 구성 단계는 하나의 이야기를 결정하는 과정에서 여러 가능성을 비교·조율하는 탐색의 과정으로 전환된다.

나아가 기획·구성의 타당성을 평가하는 영역에서도 AI가 개입한다. 스크립트북(ScriptBook)이나 시네리틱(Cinelytic)은 시나리오의 감정 곡선, 장르 적합성, 타깃 관객, 흥행 가능성을 데이터 기반으로 분석한다. 이들 AI는 창작의 질을 판단하는 미학적 주체라기보다 프로젝트가 제작 단계로 진입할 수 있는지를 가르는 문지기 역할을 수행한다. 그 결과 기획·구성은 창의적 판단뿐 아니라 알고리즘이 산출한 확률값과의 협상을 포함하는 과정이 된다.

시각적 기획에서도 AI는 강력한 행위자로 작동한다. 미드저니(Midjourney)나 스테이블 디퓨전(Stable Diffusion)은 콘셉트 아트, 무드보드, 캐릭터 이미지, 세계관 배경을 기획 초기 단계에서 즉각적으로 시각화한다. 특히 LTX Studio는 단순한 이미지 생성을 넘어 장면(scene) 간의 캐릭터 일관성을 유지하며 시각적 흐름을 제안한다. 과거에는 미술 감독이나 콘셉트 아티스트의 해석을 거쳐야 했던 세계관이 이제는 프롬프트 입력만으로 가시화되면서 텍스트 중심의 기획은 이미지 중심의 기획으로 이동한다. 이 과정에서 AI가 생성한 이미지들은 이후의 시나리오 수정, 캐릭터 설정, 장르 톤 결정에 다시 영향을 미치는 매개자(mediator)로 기능한다.

ANT 관점에서 볼 때 이러한 AI 서비스들은 작가나 프로듀서의 의도를 그대로 전달하는 중개자가 아니라 기획의 방향을 수정하고 확장하거나 제약하는 매개자로 작동한다. 즉 AI는 기획자의 생각을 그대로 복사하는 존재가 아니라 기획자의 선택과 판단 사이에 끼어들어 기획에 의미 있는 차이를 만들어 내는 새로운 행위자로 볼 수 있다. 그리고 시나리오는 인간의 상상력만으로 결정되지 않고 내러티브 규범, 소프트웨어 포맷, 이미지 생성 AI, 분석 알고리즘 등 서로 다른 힘을 가진 행위자들이 얽힌 비대칭적 네트워크 속에서 잠정적으로 안정화된다. 이처럼 영화의 기획과 구성은 개인의 창작 행위가 아니라 인간과 비인간 행위자들이 상호작용하며 현실을 스토리로 조직하는 복합적 실천으로 이해할 수 있다.

시나리오 과정

시나리오를 작성하는 것은 작가의 개인 작업이지만 시나리오가 초고에서 최종고까지 나오는 과정은 공동 작업의 성격을 띤다. 왜냐하면 많은 상업 영화의 경우 한 작가가 완성한 원고를 다음 작가가 바통을 받듯이 작업을 이어 받아 수정 · 보완하기 때문이다. 또 그 과정에서 작가는 프로듀서나 감독과 함께 반복적인 시나리오 회의를 하면서 내용을 조정한다. 여기서 각 행위자의 이해관계가 충돌하고 조정되면서 스토리가 점차 완성도를 획득한다. 이러한 시나리오 개발 과정은 인간 행위자들뿐만 아니라 관습화된 서사 구조와 표준화된 포맷, 소프트웨어, AI 등의 비인간 행위자들이 얽혀 새로운 스토리를 생산하는 번역의 연쇄라고 할 수 있다.

한 작가가 시나리오 초고에 이르기까지도 여러 단계의 글쓰기 단계를 거친다. 작가는 먼저 시놉시스(synopsis)로 전체 줄거리와 함께 기획 의도, 주제, 특기사항 등을 간략히 제시한다. 다음 등장인물 일대기(character biography)를 작성하기도 하는데 이는 등장인물의 배경 이야기로 영화 속에 직접 드러나지 않더라도 작가가 인물을 깊게 이해하는 중요한 과정이 된다. 시놉시스를 통해 줄거리가 정리되고 등장인물 일대기로 인물의 캐릭터가 명확해지면 작가는 트리트먼트(treatment)를 작성하여 보다 구체적인 스토리를 전개한다. 트리트먼트는 시나리오보다 짧은 분량으로 특정 포맷 없이 영화의 전체 스토리를 제작자나 투자자에게 자세히 전달하는 소통 수단이다. 즉 트리트먼트는 투자를 유치하는 중요한 행위자인 것이다. 그러므로 트리트먼트 역시 초고부터 최종고까지 여러 차례의 수정과 작가 회의를 거쳐 완성된다.

투자사는 트리트먼트나 시나리오를 검토해 제작 여부를 결정하는데 과거에는 감으로, 즉 경험과 직관에 의존해 흥행 가능성을 예측해 투자했지만 요즘 AI 기반 분석 보고서를 기반으로 투자 결정을 하는 사례가 증가하고 있다. 워너브러더스와 소니 픽처스와 협업을 하는 시네리틱(Cynelytic)은 장기간 축적된 영화 흥행 데이터를 분석해 흥행 패턴을 도출하고 이를 통해 제작 프로젝트 전반의 가능성을 예측한다(임영훈, 2024). 라르고(Largo) AI는 시나리오의 모든 신을 데이터베이스와 비교 · 분석해 개선 사항을 제안하고 배우를 추천하고 타깃 관객과 시장 트렌드를 분석해 제작 과정의 비용과 시간을 절감해 준다(권승태, 2024).

트리트먼트로 제작 여부가 결정되면 그 다음 단계로 작가는 스텝 아웃라인(step outline)을 작성한다. 이는 신 단위로 스토리를 지문으로 묘사하는 문서로 초고 집필에 앞서 필요한 신과 그 배열을 확정하기 위한 작업이다. 스텝 아웃라인의 최종고가 확정되면 이를 기반으로 대사가 포함된 초고를 작성한다. 그리고 초고에서 완고에 이르기까지 여러 번의 버전이 바뀌고 그 과정에서 작가가 교체되는 경우도 드물지 않다. 이렇게 시나리오의 최종고가 나오기까지 많은 스토리 전문가와 다양한 형식의 문서들이 행위자로서 인물과 사물의 캐릭터, 사건의 연쇄, 행동과 대사 등의 스토리 요소에 지속적으로 의미 있는 변화를 부여한다. 만약 행위자 간의 갈등이 조정되지 않거나 다음 단계의 문서로 성공적으로 전환되지 않는다면 실제를 극적인 텍스트로 번역하는 작업은 실패로 귀결된다.

AI는 시나리오 단계부터 참여하는데 이 새로운 행위자는 아이디어를 제안하는 데 그치지 않고 직접 시나리오 초안을 작성하기도 하며 작가는 AI가 생성한 지문과 대사를 수정 · 보완하는 방식으로 작업을 이어간다. 이 경우 시나리오는 작가의 개인 작업이기보다 AI와 협업이 된다. 그러나 이 협업에는 분명한 한계도 존재한다. 우선 AI는 인간의 감정과 상호작용이 지닌 미묘한 뉘앙스를 충분히 이해하고 재현하는 데 어려움을 겪는다. 그 결과 정서적 깊이를 지닌 캐릭터를 구축하거나 관객의 공감을 이끌어내는 데 한계가 드러난다. 또한 사실적인 인물과 설득력 있는 사건을 위해 필요한 문화적 맥락과 시대적 배경에 대한 심층적 이해 역시 AI에게는 쉽지 않은 과제다. 더 나아가 AI는 학습된 데이터의 패턴을 기반으로 생성하기 때문에 기존 양식을 모방할 수는 있지만 완전히 예기치 않은 독창성을 발휘하는 데에는 구조적 제약이 따른다(문원립, 2024). 이러한 점에서 AI는 시나리오 개발의 유력한 협력자이지만 여전히 인간 작가의 판단과 감각을 대체하지는 못한다.

사전 제작 툴

시나리오는 제작진에게 공통의 목표를 제시하고 제작의 기초가 되는 설계도다. 시나리오는 장면 구분표(breakdown sheet) 형태로 번역되어 각 장면별 필요한 정보가 기재된다. 제작진은 그 정보를 근거로 예산안, 촬영 일정표, 캐스팅 목록, 의상 목록, 소품 목록 등의 다양한 제작 서류를 작성하고 그것을 토대로 사전 제작을 한다. 스튜디오바인더(StudioBinder)나 켈틱스(Celtx) 등의 AI 기반 사전 제작 플랫폼을 이용하면 그러한 서류들을 자동으로 생성하고 필요에 따라 수정해서 관리할 수 있다. 스튜디오바인더나 켈틱스와 같은 AI 기반 사전 제작 플랫폼은 단순한 행정 보조 도구가 아니라 영화 제작 네트워크의 구조 자체를 재조정하는 핵심적인 비인간 행위자로 이해할 수 있다. 이들 플랫폼은 기존에 제작진의 경험과 수작업에 의존하던 사전 제작 과정을 자동화하고 표준화함으로써 인간 행위자들의 협업 방식과 의사 결정의 흐름을 직접적으로 변화시킨다. 여기서 중요한 것은 AI 기반 사전 제작 플랫폼이 정보를 전달하는 수준을 넘어 제작 과정에서 무엇이 중요하고 무엇이 우선되는지를 재배치한다는 점이다. 플랫폼은 제작진의 의도를 그대로 반영하면서도 일정의 효율성, 인력 배치의 합리성이라는 기준에 따라 제작의 방향을 조정하는 매개자로 작동한다.

사전 제작 플랫폼이 작성하는 문서 중 하나인 콜시트(call sheet)는 단순한 정보 전달 문서가 아니라 촬영 당일의 세계를 임시적으로 안정화하는 핵심적인 비인간 행위자다. 콜시트는 촬영 일정, 촬영 장소, 참여 인원, 장면 번호, 준비 사항 등을 하나의 문서로 결합함으로써 흩어져 있던 인간 행위자들을 동일한 시간과 장소 안으로 불러들인다. 이때 콜시트는 "무엇을 언제 어디서 할 것인가"를 안내하는 수준을 넘어 누가 먼저 도착해야 하는지, 누가 대기 상태에 있는지, 누가 핵심 행위자인지를 암묵적으로 위계화하며 촬영 현장의 질서를 구성한다. 배우와 스태프는 콜시트에 따라 이동하고 대기하며 자신의 준비 상태를 특정 시점에 맞추도록 강제된다. 이처럼 콜시트는 인간의 행동을 직접 명령하지 않으면서도 시간과 공간의 배치를 통해 행동 가능성의 범위를 제한하고 조율한다는 점에서 전형적인 비인간 행위자의 특성을 보여 준다.

AI 기반 플랫폼이 콜시트를 자동으로 생성하고 즉각적으로 배포하는 구조는 이러한 효과를 더욱 강화한다. 콜시트는 더 이상 조연출자가 개인의 경험이나 판단으로 작성하는 문서가 아니라 시나리오 분석, 장면 구분표, 촬영 일정표, 캐스팅 목록 등을 결합한 결과물로 산출된다. 이 과정에서 플랫폼은 촬영의 효율성, 위험 관리, 비용 최소화와 같은 기준을 통해 촬영 당일의 우선순위를 사전에 조정한다.

켈틱스와 같은 클라우드 기반 협업 플랫폼은 사전 제작 방식을 크게 바꾼다. 제작진이 한 공간에 모여 작업하지 않아도 각자 다른 장소에서 동시에 같은 자료를 보며 함께 작업할 수 있기 때문이다. 그 결과 사전 제작은 더 이상 특정한 장소에서 단계적으로 진행되는 과정이 아니라 계속 수정되고 업데이트되는 흐름이 된다. 특히 장면 구분표를 중심으로 촬영 일정표, 예산안, 장비 목록이 자동으로 연결되면 제작에 필요한 각 문서는 따로따로 존재하지 않는다. 한 장면의 내용이 바뀌면 일정과 예산, 필요한 장비도 함께 달라지며 서로 영향을 주고받는다. 이렇게 사전 제작의 요소들은 개인의 판단으로 따로 결정되는 것이 아니라 서로 연결된 하나의 작업 묶음으로 작동하게 된다.

이러한 변화는 사전 제작을 인간 창작자의 계획 단계로만 이해해 온 기존 관점을 수정하게 만든다. 사전 제작은 인간 제작진이 미래의 촬영을 미리 설계하는 과정일 뿐만 아니라 AI 기반 플랫폼, 문서 양식, 알고리즘, 촬영 일정표, 예산안이 함께 개입하며 촬영의 가능성과 한계를 미리 규정하는 네트워크 형성 과정이다. 다시 말해 AI 기반 제작 관리 플랫폼은 제작을 보조하는 도구이면서 영화가 어떤 방식으로 만들어질 수 있는지를 사전에 번역하고 고정하는 행위자라 할 수 있다.

참고문헌

권승태(2012). 《3막의 비밀: 스토리텔링의 보편적 법칙》. 커뮤니케이션북스.

문원립(2024). 《AI로 영화 글쓰기》. 커뮤니케이션북스.

심형근(2024). 《AI와 영화미술》. 커뮤니케이션북스.

임영훈(2024). "인공지능 기반 영화 제작 기술의 현재와 미래". 《애니메이션연구》, 20(2), 277~296쪽.

Schomer, A.(2024). How Gen AI Tools Like Lore Machine Revisualize Storyboarding. Variety. https://variety.com/vip/gen-ai-tools-lore-machine-revisualize-storyboarding-1235942029/

04
제작에서 행위자의 상호작용

연출자, 촬영 감독, 배우, 조명 스태프와 함께 카메라, 렌즈, 조명기, 슬레이트, 기록 문서들은 장면의 시간 · 공간 · 행동을 구체적으로 조직한다. AI 기반 스마트 카메라와 버추얼 프로덕션 환경은 피사체 추적, 자동 제어, 가상공간 렌더링을 통해 촬영 방식과 협업 구조를 변화시키고 있다. 이처럼 제작 단계는 단순한 기록이 아니라 인간과 기술이 함께 장면의 형식과 의미를 실시간으로 조정하는 네트워크적 실천이다.

청각장애인과 AI?

VFX

시각 효과인 VFX(Visual Effects)는 전통적으로 후반 작업에 속해 왔으나 최근 많은 영화가 대부분의 장면에 VFX를 적용하면서 그 분량과 중요성이 대폭 확대되었다. 이에 따라 VFX 작업은 촬영 이후에 시작되는 보조 공정이 아니라 기획과 제작 단계부터 개입하는 핵심 제작 과정으로 이동하고 있다. ANT의 관점에서 보면 이러한 변화는 VFX를 인간 창작자가 일관된 의도를 따라 수행하는 선형적 공정으로 이해하기보다 다양한 비인간 행위자들이 연쇄적으로 개입하며 장면의 형식을 점진적으로 고정해 가는 네트워크적 과정으로 이해하게 만든다. 각 단계는 단순한 기술 절차에 머무르지 않고 다음 단계에서 가능한 선택지를 제한하거나 확장하며 장면의 방향을 조정하는 번역의 지점으로 기능한다.

제작진은 사전 시각화(pre-visualization, previs)를 통해 장면을 3D 애니메이션으로 미리 구성하며 카메라의 위치와 움직임, 미장센과 몽타주를 시험한다. 프리비즈는 3D 애니메이션 콘티라고 부르는데 언리얼 엔진(Unreal Engine), 블렌더(Blender), 마야(Maya) 등으로 3D 제작하기도 하지만 최근 AI를 활용하기도 한다. 로어머신(Lore machine)은 스토리 텍스트를 멀티미디어로 변환하는 AI 협업 스토리 시각화 시스템이다(Schomer, 2024). 이 과정에서 프리비즈 툴은 촬영과 후반 작업에서 어떤 선택이 가능한지를 사전에 걸러내는 역할을 수행한다.

연출자는 텍스트로 된 시나리오를 이미지로 된 스토리보드로 번역한다. 이때 시나리오의 신은 촬영 가능한 숏(shot)으로 전환된다. 스토리보드는 전통적으로 연필로 그렸지만 현재 스토리보드 전용 디지털 소프트웨어를 많이 활용한다(심형근, 2024). 또 스토리보더(storyboarder) AI 같은 플랫폼에 시나리오를 업로드하면 AI가 자동으로 스토리보드를 만들어준다. 이러한 과정은 스토리를 이미지로 변환하는 번역 작업의 일부를 인간이 아닌 알고리즘이 담당하게 되었음을 의미한다. 스토리보더 AI와 같은 플랫폼은 단지 인간 창작자를 보조하는 자동화 도구가 아니라 스토리보드가 수행해 온 역할을 재구성하는 새로운 비인간 행위자다.

스토리보드는 촬영 전에 숏의 구도와 카메라 움직임을 미리 고정함으로써 연출가와 촬영 감독, 스태프 사이의 해석 차이를 줄이고 협업이 가능한 조건을 만든다. 즉 스토리보드는 촬영 현장에서 인간 행위자들의 판단과 행동을 조율하는 비인간 행위자다. 이러한 관점에서 보면 AI가 자동 생성한 스토리보드는 시각적 아이디어를 빠르게 제안하는 데에는 유효하지만 촬영 현장에서 요구되는 협상과 조정의 기능을 온전히 수행하기에는 한계를 가진다. AI는 알고리즘이 학습한 평균적 장면 구성에 기반해 이미지를 생성하기 때문에 특정 장소의 특성과 배우의 동선 등과 같은 현장 조건을 충분히 반영하지 못한다. 그 결과 AI가 만든 스토리보드는 실제 촬영 현장에서 사람과 장비, 공간이 얽혀 돌아가는 작업 흐름에 완전히 맞물려 작동하지 못한다.

반면 AI가 자동 생성한 스토리보드를 인간이 최종적으로 수정하거나 직접 제작한 스토리보드는 단순한 이미지가 아니라 연출가의 의도, 촬영 감독의 기술적 판단, 배우의 제안 등 다양한 행위자의 번역이 중첩된 결과물이다. 이 과정에서 스토리보드는 인간 행위자들 간의 합의와 갈등, 수정의 흔적을 포함하며 촬영 현장에서 반복적으로 참조되고 해석되고 수정되는 살아 있는 문서로 기능한다. 즉 최종 스토리보드는 AI가 생성한 초안과 달리 촬영 현장의 행위자-연결망에 실제로 편입된 상태의 비인간 행위자라 할 수 있다. 따라서 AI는 아이디어 생성과 초기 번역의 역할을 수행하지만 촬영 현장에서 인간 행위자들의 협업을 조직하는 최종적인 스토리보드의 행위자적 지위는 여전히 인간의 개입을 필요로 한다.

촬영이 끝난 뒤에는 VFX 아티스트는 트래킹(tracking) 작업을 통해 실제 촬영된 영상 속 카메라의 움직임을 숫자 데이터로 바꾼다. 이 작업은 카메라가 앞뒤 · 좌우 · 위아래로 어떻게 움직였는지를 XYZ 좌표값으로 계산해 기록하는 과정이다. 마야(Maya)나 블렌더(Blender) 같은 3D 툴은 이렇게 촬영 현장에서 연속적으로 움직인 카메라의 경로를 분석해 컴퓨터가 이해할 수 있는 데이터로 변환한다. 이 데이터는 이후 3D 그래픽이나 가상공간을 실제 촬영 영상과 정확히 맞추는 기준점으로 사용된다. 다시 말해 트래킹은 현실에서 촬영된 움직임을 디지털 공간에서도 똑같이 재현할 수 있게 해 주는 연결 고리 역할을 한다. 동시에 VFX 아티스트는 마야나 블렌더를 활용해 3D 물체를 모델링(modeling)하고 텍스처링(texturing)과 셰이딩(shading)을 통해 그 표면에 어떤 질감이 있는지, 빛을 받으면 어떻게 보이는지를 설정한다. 즉 물체의 형태를 만들고 재질과 색을 입히며 빛에 반응하는 방식을 정하는 작업을 한다. 이때 툴은 단순한 제작 도구가 아니라 디지털 물체가 어떤 물성을 가질 수 있는지를 미리 규정하는 비인간 행위자로 기능한다.

완성된 3D 모델에는 리깅(rigging)을 적용해 뼈대와

관절 구조를 설정하고 모델이 취할 수 있는 움직임의 범위를 구조적으로 한정한다. 이어서 매치무브(match-move)를 통해 트래킹 데이터와 실사 영상을 결합함으로써 디지털 공간과 실사 공간을 하나의 XYZ 좌표계로 통합한다. 다음 애니메이터는 이 구조 위에서 움직임을 생성하지만 그 자유도는 이미 리깅과 트래킹, 매치무브 과정에서 설정된 제약 안에서만 가능하다.

장면의 물리적 설득력을 강화하기 위해 FX 아티스트는 후디니(Houdini)를 활용해 불, 물, 연기, 폭발과 같은 복잡한 FX(special effects)를 생성한다. 후디니의 노드(node) 기반 시스템은 물리 시뮬레이션의 규칙을 알고리즘으로 고정하며 장면이 따르는 자연 법칙을 디지털 환경 안에서 재구성한다. 동시에 라이팅(lighting) 단계에서는 마야 또는 블렌더를 통해 빛과 그림자의 방향과 강도를 조정하고 매트 페인팅(matte painting)을 활용해 실제로 존재하지 않는 공간을 배경으로 구성한다. 이는 화면을 화려하게 만드는 작업이 아니라 그 장면의 공간과 물리가 실제처럼 느껴지도록 만드는 핵심 과정이다.

마지막으로 VFX 팀은 모든 3D 요소를 3D 렌더링(3D rendering)을 통해 이미지로 변환하고 애프터 이펙트(Adobe After Effects), 누크(Foundry Nuke), 퓨전(Blackmagic Fusion)과 같은 합성 툴을 사용해 실사 영상과 결합한다. 이 과정에서 로토스코핑(rotoscoping)은 실사 영상 속 객체의 윤곽을 분리해 합성을 가능하게 하고 합성(compositing)은 서로 다른 출처의 이미지들을 하나의 시각적 현실로 봉합한다. 과거에는 화면에서 불필요한 사물을 지우거나 크로마키 합성 시 배경을 제거하는 데 수작업의 로토스코핑이 필요했지만 이제는 AI가 영상 속 객체를 인식하여 자동으로 마스크 처리하고 제거해 준다. 애프터 이펙트의 로토 브러시(Rotobrush)나 콘텐츠 어웨어 필(Content-Aware Fill) 기능이 대표적이다. 예컨대 촬영 장면에 실수로 잡힌 붐마이크를 AI가 자동 추적·삭제하거나 배우 주변의 복잡한 배경을 클릭 한 번으로 제거할 수 있다. 또 딥페이크(Deepfake) 및 AI 얼굴 합성 기술이 VFX에 도입되어 배우의 얼굴을 다른 인물로 실시간 교체하거나 나이 및 외모를 변화시키는 데 사용된다. 예를 들어 영화 〈인디아나 존스: 운명의 다이얼(Indiana Jones and the Dial of Destiny)〉(2023)에서는 79세의 해리슨 포드 얼굴을 약 35세 때 모습으로 AI 딥러닝 기술(FRAN)을 활용해 젊게 만드는 디에이징(de-aging)을 구현하였다(Growcoot, 2023).

최종적으로 2D 렌더링(2D rendering)을 거쳐 출력된 영상은 관객이 인식하는 하나의 세계를 제시한다. 이처럼 완성된 VFX 영상은 어느 한 소프트웨어나 한 단계의 결과물이 아니라 콘셉트 아트에서 렌더링과 합성에 이르기까지 각 단계에서 개입한 비인간 행위자 즉 다양한 VFX 툴과 알고리즘이 남긴 선택과 제약이 누적된 산물이다. VFX 작업은 인간 창작자의 머릿속 이미지를 단순히 구현하는 과정이 아니라 마야, 후디니, 누크, 애프터 이펙트 등과 같은 비인간 행위자들이 인간 제작진과 함께 장면을 번역하고 조정하며 잠정적으로 안정화하는 네트워크 형성 과정이라 할 수 있다.

촬영과 미술

영화의 세트, 소품, 의상 등을 디자인하는 프로덕션 디자인은 영화의 주제를 시각적으로 전달한다. 이때 콘셉트 아트(concept art)는 프로덕션 디자인의 과정에서 중요한 시작점 역할을 한다. 미술 감독(production designer)이 콘셉트 아트로 설정한 콘셉트 이미지는 연출자와 미술 감독 간 소통의 지침이 된다. 이때 콘셉트 이미지는 미술 감독의 아이디어를 단순히 전달하는 참고 이미지가 아니라 이후 작업 전반에서 허용되는 스타일과 분위기의 범위를 규정하는 비인간 행위자로 작동한다. 과거에 미술 감독은 콘셉트 아트를 개발하기 위해 기존 영화나 애니메이션의 콘셉트 아트나 온라인 스톡 이미지에 의존했지만 현재 AI 생성 이미지를 통해 영감과 모티프를 받기도 한다. 미술 감독은 AI와 창의적 대화를 반복하면서 최종 결과물에 다가가는데 과거 몇 주 걸릴 작업을 하루로 단축할 수 있다(심형근, 2024). 결국 미술 감독은 연출자와 촬영 감독과 조율해서 시나리오의 텍스트를 3차원의 세계로 번역하는 역할을 한다.

촬영 감독은 미술 감독이 디자인한 3차원 세계를 2차원의 프레임 안으로 추출한다. 촬영 감독은 카메라에 대한 전문적인 지식과 경험을 통해 시나리오나 스토리보드를 3차원의 환영을 불러일으키는 2차원 영상으로 번역한다. 즉 그는 평평한 화면에 조명을 통해 입체감을 만들고 구도를 통해 깊이감을 만든다. 이를 위해 촬영 감독은 주광, 보조광, 역광의 3점 조명(three point lighting)을 사용하고 또 빛과 그림자의 강한 대비를 이용해 입체감을 드러내는 키아로스쿠로(chiaroscuro) 기법을 인물 초상에 극적으로 적용해 인물의 내면을 생생하게 드러내는 렘브란트 조명을 활용한다. 조명을 어떻게 하느냐에 따라 같은 인물이더라도 영웅처럼 보일 수 있고 악인처럼 보일 수 있다. 그러므로 조명은 인간의 의도를 전달하는 중립적인 도구가 아니라 스토리의 의미와 인물의 성격을 형성하는 비인간 행위자로 이해할 수 있다. 조명은 인물의 감정을 단순히 드러내는 것이 아니라 인물이 어떤 존재로 보이고 이야기가 어떤 방향으로 전개될 것인지를 카메라, 배우, 장르 등의 다른 행위자들과 함께 협상하며 구성한다. 따라서 영상에서의 조명은 배경적 요소가 아니라 스토리를 조직하는 핵심적인 구성 요소 중 하나로 위치 지을 수 있다.

촬영 감독은 영화의 비주얼 스타일을 설계하기 위해 회화나 사진 등 기존 예술가의 작품을 적극적으로 참조한다. 에드워드 호퍼(Edward Hopper)의 고독한 공간 구성은 〈대부(The Godfather)〉(1972)의 로키 조명으로 번역되었고 렘브란트(Rembrandt van Rijn)의 명암 대비는 〈배리 린든(Barry Lyndon)〉(1975)에서 촛불 조명이라는 방식으로 재현되었다. 또한 그레고리 크루드슨(Gregory Crewdson)의 연출 사진은 〈블레이드 러너 2049(Blade Runner 2049)〉(2017)의 비현실적인 공간 조명에 영향을 주었다. 한편 프랜시스 베이컨(Francis Bacon)의 왜곡된 신체와 강렬한 색면은 크리스토퍼 도일(Christopher Doyle)이 촬영한 〈타락천사(Fallen Angels)〉(1995)에서 보다 직접적으로 영화적 이미지로 번역된다. 이 영화에서 광각 렌즈와 비자연적인 네온 조명은 인물의 신체를 일그러뜨리고 공간과 분리시키며 감정을 얼굴이 아닌 형태 전체에 분산시킨다. 이러한 시각적 전략은 정서적 절제보다는 불안정한 존재 상태를 강조하며 베이컨 회화의 그로테스크한 신체 감각을 영화적 움직임 속에서 재구성한다. 이러한 촬영 감독의 예술 참조는 과거 예술을 단순히 모방하는 것이 아니라 서로 다른 매체들을 함께 연결하여 새로운 영화적 이미지로 다시 구성하는 과정이다. 이 과정에서 기존 예술은 영화 스타일과 스토리의 방향을 형성하는 적극적인 구성 요소로 참여한다. 그러므로 영화의 비주얼 스타일은 창작자의 내부에서 탄생하는 결과물이 아니라 인간과 비인간 행위자들이 연결되고 조정되는 과정 속에서 생성되는 집합적 산물이다.

촬영 장비

촬영은 촬영 감독과 연출자, 배우, 조명 감독, 의상 담당, 소품 담당 등 인간 제작진의 협업뿐만 아니라 카메라와 삼각대, 조명기, 렌즈와 같은 장비들과의 상호작용을 통해 이루어진다. 촬영 현장은 인간과 비인간 행위자들이 함께 참여하는 복합적인 협업의 장이다. 예를 들어 촬영 보조는 배우와 카메라 사이의 거리를 줄자로 정확히 측정한 뒤 렌즈의 포커스 링을 조정해 초점을 맞추고 배우가 서야 할 위치를 덕트 테이프로 표시한다. 이후 촬영 전에 슬레이트(slate)를 치며 테이크를 시작한다. 이 과정에서 카메라, 줄자, 덕트 테이프, 슬레이트는 단순한 보조 도구가 아니라 작품의 주제와 연출 의도에 맞게 세계를 정확히 분절하고 추출하는 장치로 기능한다. 이는 연구자가 특정 목적에 따라 토양을 채취할 때 사용하는 샘플러나 금속 표지와 유사하다. 슬레이트에는 신과 숏, 테이크 번호, 날짜, 프레임 속도 등의 정보가 기록되며 슬레이트의 소리는 이후 촬영 영상과 녹음된 음성을 정확히 동기화하는 기준점으로 작동한다.

이와 함께 스크립터(scripter)는 스크립트 노트에 배우가 즉흥적으로 변형한 대사나 행동, 카메라와 조명의 설정, 소품과 의상의 변화 등을 기록한다. 이러한 기록은 촬영의 연속성과 일관성을 유지하는 데 중요한 역할을 하며 후반 작업 단계에서는 촬영 영상을 분류하고 편집하는 지침으로 활용된다. 이는 연구자가 샘플의 좌표, 깊이, 채취 시간 등을 업무 일지에 남기는 것과 유사한 방식으로 촬영 과정에서 발생한 선택과 변화를 체계적으로 고정하는 작업이라 할 수 있다(권승태, 2025).

이처럼 촬영 현장에서 이루어지는 행위자 간의 협업은 각자의 전문성을 단순히 병렬적으로 결합하는 것이 아니라 서로 다른 지식과 기술을 번역하며 작품의 방향성을 지속적으로 조정하는 과정이다. 최근에는 AI 기반 스마트 카메라의 도입으로 이러한 네트워크가 더욱 확장되고 있다. 예를 들어 렌즈가 자유롭게 회전하고 이동하는 PTG(Pan, Tilt, Glide) 카메라는 피사체 추적과 자동 줌 조절 기능을 통해 별도의 카메라맨 없이도 다양한 앵글을 구현할 수 있어 제작비 절감과 촬영 방식의 변화를 동시에 가져오고 있다. 또한 버추얼 프로덕션(virtual production) 환경에서는 AI가 가상 환경을 실시간으로 렌더링해 LED 월에 재생하고 배우는 이를 실제 공간처럼 인식하며 연기한다. 이 과정에서 배우의 몰입도와 연기 안정성이 향상될 뿐 아니라 위험한 촬영 환경을 대체함으로써 안전성 역시 강화된다. 향후 프레임 내부의 이미지를 실시간으로 인식하는 AI가 카메라에 본격적으로 장착될 경우 초점, 노출, 화이트밸런스, 카메라 움직임 등은 촬영 감독의 요구에 맞춰 자동으로 조정될 가능성이 높다(권승태, 2024). 이는 촬영 현장에서 인간과 비인간 행위자 간의 관계가 다시 한번 재구성되는 계기가 될 것이다.

참고문헌

권승태(2024). “AI 생성 이미지의 정체성과 시각 예술의 변화”. 《영상문화》, 45, 5~28쪽.

권승태(2025). “AI 영상 제작의 구조와 흐름: 기호학과 행위자-네트워크 이론을 중심으로”. 《기호학 연구》, 79, 7~36쪽.

심형근(2024). 《AI와 영화미술》. 커뮤니케이션북스.

Growcoot, M.(2023). New Indiana Jones Movie Will Feature an AI 35-Year-Old Harrison Ford. PetaPixel. https://petapixel.com/2023/05/01/new-indiana-jones-movie-will-feature-an-ai-35-year-old-harrison-ford/

Schomer, A.(2024). How Gen AI Tools Like Lore Machine Revisualize Storyboarding. https://variety.com/vip/gen-ai-tools-lore-machine-revisualize-storyboarding-1235942029/

05
편집에서 행위자의 상호작용

AI는 자동 컷 편집, 멀티캠 전환, 자막 생성 등을 수행하며 가편집의 부담을 줄인다. 그 결과 편집자의 역할은 모든 컷을 직접 다루는 기술자에서 선택과 판단을 조율하는 존재로 이동한다. 플랫폼 기반 자동 편집은 템플릿과 알고리즘을 통해 편집 형식을 미리 규정한다. 결국 편집은 인간과 AI, 도구와 규범이 상호작용하며 스토리를 잠정적으로 안정화하는 행위자-연결망의 핵심 지점이다.

AI 콘텐츠 크리에이터?

후반 작업 과정

후반 작업은 촬영된 결과물을 단순히 조합하고 다듬어 마무리하는 단계가 아니라 실제의 기록을 점진적으로 다른 형식과 의미로 변환하는 번역의 연쇄 과정으로 이해할 수 있다. 후반 작업의 첫 단계인 데이터 관리와 정리는 현장에서 촬영한 방대한 이미지와 소리를 편집 가능한 포맷으로 변환하는 번역의 출발점이다. 이 단계에서 촬영 원본과 자료 화면을 무질서한 기록 상태에서 벗어나 빠르게 선택하고 비교하여 조합할 수 있는 데이터로 재구성한다. 즉 현장의 연속적인 시간은 클립과 메타데이터라는 형식으로 번역되며 이후 작업을 위한 기반을 형성한다.

다음으로 영상 편집 단계에서는 이렇게 분절한 데이터를 다시 계획한 시나리오의 순서로 배열하며 하나의 스토리로 조직한다. 이 과정에서 편집자는 컷의 순서와 길이, 리듬을 조정하며 촬영한 실제를 서사적 구조로 번역한다. 스토리를 확정하면 시각 효과와 색 보정, 색조 보정 단계로 이어진다. 이때의 색 보정 툴, 시각 효과 툴은 촬영 현장에서 기록한 물리적 실제를 일관성 있게 유지하거나 아름답게 만드는 것뿐만 아니라 촬영한 숏을 서사의 세계로 번역하는 비인간 행위자로 작동한다. 이러한 번역을 통해 스토리의 감정적 방향과 세계의 성격을 흔들리지 않도록 고정하며 관객은 그 스토리 세계를 경험하게 된다.

편집 과정은 과학적 연구 절차와도 유사한 번역 구조를 지닌다. 과학자가 현장에서 채취한 토양을 실험실로 옮겨 먼셀 컬러 차트와 같은 기준 체계를 통해 색상을 코드화하고 데이터를 정량화하듯 편집자는 촬영된 영상과 소리를 웨이브폼(waveform)이나 벡터스코프(vector-scope)와 같은 계측기를 통해 표준화된 신호로 변환한다. 이러한 계측기 역시 편집자의 판단을 보조하는 단순한 시각 자료가 아니라 영상과 음향이 허용 가능한 범위 안에 머물도록 강제하는 비인간 행위자다.

과학자가 최종적으로 다이어그램과 표를 통해 연구 결과를 안정된 형태의 보고서로 완성한다면 편집자는 그래픽과 자막, 장면 배열을 통해 관객이 이해 가능한 영상 콘텐츠를 완성한다. 이때 편집실은 현장에서 촬영한 수많은 이미지와 소리를 그대로 보존하는 공간이 아니라 그것들을 선택하고 재배열하며 하나의 스토리로 안정화하는 장소로 기능한다.

편집은 촬영한 푸티지(footage)를 편집자가 단순히 이어 붙이는 후반 공정이 아니라 인간 편집자와 AI, 편집 소프트웨어, 계측기가 함께 참여해 현장의 기록을 스토리로 번역하고 의미를 고정하는 네트워크의 핵심 지점이라 할 수 있다. 촬영된 실제는 편집실을 통과하면서 비로소 스토리로 조직되고 관객과 만날 수 있는 형태로 잠정적으로 안정화된다.

이어지는 사운드 디자인과 믹싱 단계에서는 확정한 비디오와 오디오를 결합하는데 이때 다시 한번 번역이 이뤄진다. 현장에서 녹음한 소리를 그대로 사용하기보다 분리, 재배치, 강조하여 장면의 감정과 공간감을 형성하는 요소로 재구성한다. 이 과정에서 소리는 스토리의 리듬과 몰입을 조절하는 적극적인 행위자로 작동한다.

마지막으로 패키징 단계에서는 지금까지 여러 번의 번역한 결과물을 각 플랫폼의 기술적 규격에 맞게 다시 변환한다. 해상도, 영상 포맷, 자막 구조는 콘텐츠가 유통되고 소비될 수 있는 조건을 규정하며 작품의 형태를 최종적으로 고정한다. 이 단계에서 스토리는 하나의 완성된 작품이 아니라 특정 플랫폼 환경에 적합한 전달물로 번역된다.

이처럼 후반 작업은 단일한 완성 단계가 아니라 데이터, 스토리, 시각, 음향, 유통 형식을 차례로 재구성하는 번역의 연쇄라 할 수 있다. 최종 결과물은 어느 한 단계의 산물이 아니라 각 단계에서 인간과 비인간 행위자들이 개입하며 의미를 조정하고 안정화한 결과다. 후반 작업은 촬영한 실제를 관객과 만날 수 있는 스토리로 점진적으로 번역하는 네트워크적 실천이다.

편집

오프라인 편집(offline editing)이 촬영한 영상을 바탕으로 스토리의 구조와 흐름을 만드는 단계라면 온라인 편집(online editing)은 그렇게 완성한 스토리를 최종 화면으로 다듬는 단계다. 오프라인 편집에서는 컷의 순서, 리듬, 감정의 흐름이 핵심이며 화질이나 색, 시각 효과는 임시 상태로 유지된다. 반면 온라인 편집에서는 색 보정, 시각 효과, 자막, 사운드 믹스 등을 정교하게 조정해 관객에게 보일 최종 결과물을 완성한다. 즉 오프라인 편집이 실제를 스토리로 번역하는 작업이라면 온라인 편집은 그 스토리를 하나의 완성된 시각적 세계로 확정하는 과정이라고 할 수 있다. 오프라인 편집 단계에서 편집자는 대용량 원본 대신 저용량으로 변환한 프록시 파일(proxy file)을 사용해 다양한 조합과 실험을 수행한다. 프록시 파일은 단순한 편의용 파일이 아니라 편집자가 빠르게 선택하고 비교하며 판단할 수 있도록 작업의 속도와 범위를 조정하는 비인간 행위자로 작동한다. 반면 온라인 편집은 대용량 원본 소스를 기반으로 최종 결과물을 완성하는 단계다.

스토리 편집 과정에서 편집자는 컷을 선택하고 배열하며 길이를 줄이거나 늘이는 작업을 반복함으로써 스토리의 리듬을 조정한다. 또 촬영 과정에서 발생한 오류나 불완전한 요소를 수정하거나 다른 장면으로 대체하며 스토리 안에서 재배치한다. 이러한 판단을 빠르게 반복하며 수행하는 초기 단계의 편집을 가편집(rough cut)이라 부른다.

촬영 원본을 프록시로 변환하여 클라우드를 통해 편집팀에 전달하면 가편집을 촬영과 동시에 시작할 수 있다. 생방송의 경우 촬영, 편집, 송출이라는 서로 다른 제작 단계를 분리된 순차적 과정이 아니라 동시에 진행되는 하나의 연결망 안에서 병렬적으로 작동한다. 올림픽이나 월드컵과 같은 대형 스포츠 중계에서는 이러한 구조가 특히 두드러지는데 프록시 파일은 편집팀이 촬영 현장과 실시간으로 연결할 수 있도록 만드는 핵심적인 비인간 행위자로 기능한다. 이와 유사한 구조는 극영화 제작에서도 확인된다. 〈탑건: 매버릭(Top Gun: Maverick)〉(2022)의 항공 촬영 워크플로는 프록시 변환이 어떻게 제작과 후반 작업의 경계를 재구성하는지를 잘 보여 준다. 전투기 촬영이 끝나면 촬영 원본을 즉시 저해상도 프록시로 변환하여 편집 트레일러에 있는 편집팀에게 전달하였고 편집팀은 비행 직후 수 시간 안에 모든 숏을 검토하고 필요한 컷을 구성했다. 이 과정에서 프록시는 감독과 편집자가 재촬영 여부, 연기 타이밍, 구도 등을 빠르게 판단할 수 있도록 만드는 의사 결정의 매개물로 작동했다. 편집팀은 저해상도 프록시로 컷을 구성해 놓은 후, 24~48시간 이내에 고해상도 원본이 도착하면 자동으로 재연결해 편집본에 적용했다(McNamara, 2024). 프록시 파일은 단지 촬영 원본을 압축한 파일이 아니라 촬영 현장, 편집실, 감독의 판단을 하나의 시간대 안으로 묶어내는 조정 장치다. 이를 통해 제작 과정은 촬영 이후 편집이라는 선형적 구조를 벗어나 인간과 비인간 행위자들이 실시간으로 상호작용하며 결과물을 형성하는 동시적 네트워크로 전환된다.

가편집이 일정 단계에 이르면 편집자는 전체 시사를 통해 스토리가 충분히 잘 전달되는지를 검토하고 필요에 따라 재편집을 반복한다. 이 과정에서 스토리는 점차 선택의 폭이 줄어들고 특정한 방향으로 수렴된다. 이후 컷의 길이와 연결을 더 세밀하게 다듬는 세부 편집(fine cut)이 이루어지며 모든 비디오 편집이 확정된 상태를 픽처록(picture lock)이라 한다. 픽처록을 확정하면 시각 효과, 색 보정, 사운드 디자인과 같은 다른 부서의 작업을 본격적으로 시작하며 더 이상 비디오의 순서는 변경되지 않는다. 즉 픽처록은 편집자의 제안과 연출자의 결정, 프록시 파일, 편집 소프트웨어가 함께 만들어 낸 합의의 결과이자 이후 후반 작업 전반을 지탱하는 기준점으로 작동한다.

영상 편집에서 AI

영상 편집 과정에서도 AI는 반복적이고 시간 소모적인 작업을 수행하며 편집자의 실천 범위를 확장한다. AI는 편집자의 의도를 실행하는 도구에 그치지 않고 편집 과정에 개입해 선택지를 정리하고 작업의 흐름을 재구성하는 비인간 행위자로 작동한다. 대표적인 사례로 자동 컷 편집이 있다. AI는 입력된 영상에서 장면 전환, 인물 대사의 변화, 행동의 흐름을 감지해 가편집본을 구성한다. 이 과정에서 AI는 방대한 영상 데이터를 선별하고 배열함으로써 가편집 단계의 시간과 노동을 크게 줄인다. 즉 편집자는 모든 컷을 처음부터 직접 고르기보다 AI가 제시한 구조를 검토하고 조정하는 위치로 이동한다. 브루(Vrew)는 음성을 분석해 문장 단위로 컷을 나누고 그 컷에 어울리는 이미지를 자동으로 추천하고 배치하여 가편집 시간을 획기적으로 줄여 준다. 또한 프리미어 프로의 플러그인(plugin)인 오토팟(AutoPod)은 여러 명의 마이크 신호를 분석해 말하는 사람을 비추는 카메라로 자동 전환해 준다. 이는 수 시간이 걸리는 멀티캠 가편집을 몇 분 만에 끝내주는 비인간 행위자 역할이라고 할 수 있다. 그러나 AI는 효율성을 극대화하지만 의도적인 문법 파괴나 예술적 실험과 같은 인간 고유의 창의성까지는 대체하지 못한다. 결국 AI가 줄여준 시간은 편집자가 창의적인 편집에 집중할 수 있는 시간으로 전환된다. AI가 단순한 절차적인 편집으로서 가편집을 한다면 편집자는 스토리에 감정과 리듬을 부여하여 관객과 소통할 수 있도록 최종 편집(final cut)을 한다(권승태, 2025).

자막 생성과 편집에서도 AI의 개입은 두드러진다. 음성 인식 AI는 영상의 대사를 자동으로 텍스트로 전사(轉寫)하고 편집자는 이를 교정해 곧바로 자막으로 적용한다. 이로써 뉴스나 유튜브처럼 대사 중심의 콘텐츠에서 자막 제작 시간은 획기적으로 단축된다. 예를 들어 프리미어 프로의 텍스트 기반 편집 기능은 영상의 음성을 자동으로 전사해 텍스트로 제시하고 사용자가 텍스트를 수정하면 해당 구간의 영상과 오디오를 함께 편집한다. 편집자는 워드 문서를 다루듯 인터뷰의 불필요한 어구를 제거하거나 스토리 순서를 재구성할 수 있다. 또한 자동으로 생성한 텍스트를 수정해 즉시 자막으로 변환하여 영상에 적용할 수 있다. 그리고 AI는 딥러닝을 통해 CG 효과를 자동 생성하여 원하는 배경에 적용하여 합성하여 후반 작업 비용을 대폭 절감시킨다(김은아 · 안종혁, 2025).

플랫폼 중심의 콘텐츠 제작에서는 템플릿 기반 편집 자동화가 활용된다. 틱톡(TikTok)이나 인스타그램 릴스(Reels) 제작 환경에서 AI는 미리 정해진 음악, 효과, 자막 스타일의 템플릿에 맞춰 클립의 순서와 길이를 자동으로 조정한다. 사용자가 여러 개의 영상과 이미지를 업로드하면 AI는 인기 있는 연출 패턴에 맞춰 결과물을 일괄 생성한다. 캡컷(CapCut)의 오토컷(AutoCut) 기능은 수백 개의 인기 템플릿 중 하나를 골라 음악 비트와 트랜지션을 자동으로 맞춰준다. 캔바(Canva)의 매직 디자인(Magic Design) 기능을 사용하면 텍스트 프롬프트 입력만으로 각종 소셜 미디어 포맷에 맞는 레이아웃의 영상을 자동으로 생성할 수 있고 생성된 디자인의 편집도 가능하다. 이러한 자동화는 편집자의 역할을 약화시키기보다 성격을 변화시킨다. AI는 가능한 선택지를 정리하고 구조를 제안하는 편집 조수로 작동하고 편집자는 그 중 어떤 조합이 관객과의 소통에 가장 적합한지를 판단하는 큐레이터로서의 역할을 맡는다(Miranda & Iade, 2025). 이제 영상 편집은 더 이상 편집자 개인의 기술에만 의존하는 작업이 아니다. 인간 편집자와 AI, 편집 소프트웨어, 플랫폼 포맷이 함께 연결된 네트워크 안에서 의미가 단계적으로 번역되고 안정화된다. 이 과정에서 편집자의 창의성은 축소되지 않고 오히려 선택과 판단의 지점에서 새롭게 재정의된다.

참고문헌

권승태(2024). "AI 생성 이미지의 정체성과 시각 예술의 변화". 《영상문화》, 45, 5~28쪽.

권승태(2025). "AI 영상 제작의 구조와 흐름: 기호학과 행위자-네트워크 이론을 중심으로". 《기호학 연구》, 79, 7~36쪽.

김은아·안종혁(2025). "영상 제작 분야에서의 생성형 AI 활용에 관한 고찰: 실제 프로젝트 제작 경험을 중심으로". 《커뮤니케이션 디자인학연구》, 90, 547~563쪽.

McNamara, L. & Iade, U.(2024). Our Epic Workflow Breakdown of Every 2023 Oscars Best Picture Nominee. Frame.io Insider. https://lrl.kr/bB1sd

Miranda, M.(2025). Generative Montage: An Analysis of

AI-based Video Editing Software Effects on Montage. *Baltic Screen Media Review, 13*, pp.100~123.

06
색 보정과 사운드 디자인에서 행위자의 상호작용

색 보정과 사운드 디자인은 촬영된 실제를 시청각적 세계로 번역하며 의미를 안정화하는 과정이다. 이 과정에서 인간 창작자뿐 아니라 소프트웨어와 AI가 비인간 행위자로 개입해 기준과 선택지를 조직한다. AI는 반복 작업을 자동화해 효율을 높이지만 정서와 분위기를 결정하는 최종 판단은 인간이 수행한다. 결국 색과 소리는 인간과 기술이 연결된 네트워크 속에서 단계적으로 완성된다.

AI와 민주주의?

색 보정과 색조 보정의 행위자 간의 상호작용

색 보정(color correction)은 현장에서 서로 다른 조건으로 촬영한 영상들이 서사 세계 안에서 일관된 밝기와 색으로 작동할 수 있도록 기본적인 기준을 맞추는 단계다. 이 과정에서 컬러리스트(colorist)는 기준을 형성하고 판단을 구체화한다. 또 이때 다빈치 리졸브의 컬러(Color)나 프리미어 프로의 루메트리 컬러(Lumetri Color)와 같은 소프트웨어가 비인간 행위자로 적극 개입한다. 화이트 밸런스, 노출, 대비, 색상 분포는 이 도구들이 제공하는 웨이브폼, 벡터스코프, RGB 퍼레이드, 히스토그램 같은 계측기를 통해 수치와 시각 신호로 번역한다. 색 보정으로 색과 밝기, 대비를 맞추면 스토리의 분위기가 컷마다 달라지지 않고 한 흐름으로 이어진다. 그러므로 색 보정은 미적 선택 이전에 촬영 조건과 카메라 설정의 차이로 흩어져 있던 이미지들을 하나의 공유된 기준으로 안정화하는 번역 작업이라 할 수 있다.

이렇게 기준을 형성한 영상 위에서 진행하는 색조 보정(color grading)은 안정화된 이미지 네트워크에 특정한 의미와 정서를 부여하는 재번역의 단계다. 이 단계에서도 다빈치 리졸브의 컬러 도구와 루메트리 컬러의 룩(Look) 및 커브, 색상 휠은 단순한 조정 수단을 넘어 어떤 색감과 대비가 가능하고 어떤 범위가 허용되는지를 규정하는 비인간 행위자로 작동한다. 컬러리스트는 이 도구들과의 상호작용을 통해 색의 톤과 채도를 의도적으로 조절하며 관객이 장면을 어떤 분위기와 감정 속에서 인식해야 하는지를 설계한다. 흔히 룩을 만든다고 표현되는 이 과정은 촬영된 실제를 그대로 보존하기보다 특정한 세계관과 정서적 방향으로 이미지를 이동시키는 번역의 작업이다.

색 보정은 연속성(continuity)이 컷마다 바뀌지 않도록 노출 부족 또는 과다, 부정확한 화이트 밸런스, 색상 불균형 등을 조정하고 하나의 스토리 흐름이 유지될 수 있는 기반을 마련한다. 색조 보정은 이렇게 안정화된 영상을 바탕으로 스토리를 어떤 분위기와 감정의 세계로 보여 줄지를 결정하는 작업이다. 이러한 이유로 색 보정을 통해 먼저 기준을 안정화한 뒤 색조 보정으로 스타일을 입히는 순서는 인간과 비인간 행위자들이 단계적으로 개입하며 스토리를 점진적으로 확정해 가는 효율적인 번역의 연쇄라 할 수 있다.

색 보정에서 AI

AI 기술은 색 보정과 색조 보정 분야에서도 자동화와 정밀도의 향상을 이끌며 컬러리스트의 작업 방식을 재구성한다. 그러나 AI는 작업 흐름의 속도를 향상시키지만 최종 터치는 인간의 손길이 필요하다. 왜냐하면 실제 세계의 미학적 감각은 아직 인간 고유의 영역이기 때문이다(CEI, 2025). AI는 컬러리스트의 판단을 대체하는 도구가 아니라 색 보정 과정에 개입해 기준을 제안하고 선택지를 조직하는 비인간 행위자로 작동한다.

첫째, AI는 자동 색 균형 및 보정을 수행한다. 전통적인 작업 환경에서는 컬러리스트가 컷마다 RGB 퍼레이드와 웨이브폼을 확인하며 화이트 밸런스와 노출을 직접 조정했다. 반면 다빈치에 내장된 AI 알고리즘은 컷을 분석해 피부톤, 하이라이트와 섀도의 분포를 계산하고 표준에 가까운 색 보정 값을 자동으로 제안한다(OpusClip, 2025). 이 과정에서 AI는 한 번의 클릭으로 화면을 기준 상태로 교정하며 컬러리스트가 창의적 판단에 집중할 수 있는 출발점을 마련한다.

둘째, AI는 스타일 매칭과 룩 전이(look transfer)를 가능하게 한다. 컬러리스트가 참조 영상이나 영화의 룩을 지정하면 AI는 그 색감의 전반적 특성을 분석해 현재 작업 중인 영상에 적용한다. 컬러랩 AI(Colourlab AI)와 같은 전문 소프트웨어는 특정 레퍼런스의 분위기를 기준으로 색상 곡선과 컬러 휠을 자동 조정해 유사한 룩을 생성한다(OpusClip, 2025). 이 기능은 시리즈물이나 다중 카메라 촬영본에서 색의 일관성을 유지하는 데 특히 효과적이며 서로 다른 카메라 기종에서 발생하는 색 차이를 AI가 선제적으로 줄인다.

셋째, AI는 피사체별 색 보정을 보조한다. AI는 장면 안의 인물, 배경, 하늘, 지면 등을 자동으로 구분해 마스크를 생성하고 컬러리스트는 이를 기반으로 각 요소의 색을 개별적으로 조정한다. 예를 들어 다빈치 리졸브의 매직 마스크(Magic Mask)는 인공지능 엔진인 다빈치 뉴럴 엔진을 통해 복잡한 피사체 분리 작업(로토스코핑)을 혁신적으로 자동화한다. 사용자가 인물의 특정 부위(얼굴, 피부, 의상 등)나 일반 사물 위에 간단한 선을 긋기만 하면 AI가 피사체의 형태와 움직임을 실시간으로 추적해 정교한 마스크를 생성함으로써 과거 수작업으로 며칠씩 걸리던 업무를 단 몇 분 수준으로 단축한다. 특히 최신 매직 마스크 2(Magic Mask 2)는 미세한 머리카락이나 장애물에 가려진 대상까지 정확하게 인식하는 고도의 정밀함을 갖추어 컬러리스트가 기술적인 제약에서 벗어나 오직 창의적인 색 보정에만 집중할 수 있게 돕는다.

넷째, AI는 실시간 색 보정 제안과 코치 역할을 수행한다. 컬러랩 AI과 같은 최신 시스템은 컬러리스트가 설정한 노드 구조와 조정값을 실시간으로 분석하여 대비나 색온도에 대한 최적의 대안을 즉각 제안한다. 특히 필름 AI(fylm.ai)의 뉴럴 룩(Neural Looks) 기능은 방대한 영화적 데이터베이스와 장르별 시각적 관습을 학습한 모델을 기반으로 현재 장면의 감정선에 부합하는 톤의 일반적 경향을 참고하여 제안한다.

다섯째, AI는 단순한 필터를 넘어 색 보정 이력과 수정 사항을 통합적으로 관리하는 디지털 관리자 역할을 수행한다. 다빈치 리졸브의 다빈치 뉴럴 엔진 기반 숏 매치(Shot Match) 기능은 한 신의 전체적인 룩을 차가운 블루톤에서 따뜻한 오렌지톤으로 변경할 때 조명과 노출 조건이 제각각인 각 컷을 개별적으로 계산하여 동일한 정서적 분위기가 유지되도록 갱신한다. 이러한 자동화 프로세스는 수작업에 의한 미세한 오차를 최소화하고 수백 개의 컷이 포함된 긴 시퀀스에서도 시각적 일관성을 안정적으로 유지함으로써 컬러리스트가 반복적인 노동에서 벗어나 작품의 전체적인 톤앤매너에만 집중할 수 있게 한다.

이처럼 AI는 색 보정 과정에서 초기 기준 설정, 스타일의 일괄 적용, 요소별 자동 분리, 지능형 제안, 수정 이력의 동기화를 통해 컬러리스트의 작업 방식을 재조직한다. 색 보정은 더 이상 컬러리스트 개인의 감각에만 의존하는 행위가 아니라 인간 컬러리스트와 AI 알고리즘, 소프트웨어가 함께 개입해 시각적 의미를 단계적으로 번역하고 안정화하는 네트워크적 작업이라 할 수 있다.

사운드 디자인의 행위자 상호작용

사운드 디자인(sound design)과 사운드 믹싱(sound mixing)은 영상에 소리를 덧붙이는 보조 공정이 아니라 시각적으로 구성한 스토리를 청각적 세계로 번역하고 안정화하는 핵심적인 매개 과정이다. 이 과정에서 인간 창작자뿐 아니라 아비드 프로툴(Avid Pro Tools), 어도비 오디션(Adobe Audition), 스타인버그(Steinberg)의 누엔도(Nuendo)와 큐베이스(Cubase), 애플 로직 프로(Apple Logic Pro)와 같은 DAW(Digital Audio Workstation)는 단순한 도구를 넘어 소리의 구성 방식과 청취 조건을 규정하는 비인간 행위자로 적극 개입한다.

사운드 디자이너는 무엇을 들려줄지 어떤 소리로 장면의 세계를 구성할지를 계획한다. 동시녹음한 대사를 프로툴이나 오디션으로 정리하고 노이즈를 제거하며 스토리를 잘 전달하는 음성으로 다시 번역한다. 동시녹음이 적합하지 않을 경우에는 ADR(Automated Dialogue Replacement), 즉 후시 녹음을 통해 대사를 재생성한다. 이때 소프트웨어의 타임라인 정렬, 파형 비교, 싱크 보정 기능은 배우의 목소리를 화면의 움직임과 정확히 동기화(synchronization)하도록 중개한다. 이어서 환경음(ambience)을 여러 겹으로 쌓고 조절해 그 공간의 성격을 창조한다. 이때 누엔도나 큐베이스는 이런 소리들을 체계적으로 나누고 배치할 수 있게 해 주어 장면의 공간감을 소리로 고정하는 역할을 한다.

폴리(foley) 작업으로 제작한 발소리와 의복 마찰음, 각종 효과음을 프로툴의 세밀한 편집을 통해 화면의 움직임과 정밀하게 결합한다. 음악 역시 선곡하거나 작곡해 장면에 배치하는데 로직프로와 큐베이스의 작곡 환경은 리듬과 화성, 템포를 장면의 감정선에 맞게 조정하도록 유도한다. 이처럼 사운드 디자인은 각 소프트웨어가 제공하는 편집 구조와 기능의 범위 안에서 장면의 소리 세계를 구성한다.

사운드 믹싱 단계에서는 이렇게 준비한 대사, 효과음, 환경음, 음악을 하나의 청각적 구조로 통합한다. 프로툴과 누엔도는 영화 · 방송 후반 작업에 특화된 믹싱 환경을 제공하며 트랙 간의 관계, 볼륨과 다이내믹, 주파수 대역과 공간 배치를 정밀하게 조정한다. 이 과정에서 소프트웨어의 다양한 기능을 활용해 소리들의 크기와 위치를 단계적으로 조정한다. 이러한 믹싱 작업은 관객의 주의를 적절히 안내해 스토리의 흐름이 자연스럽게 이어지도록 만든다.

결과적으로 사운드 디자인이 무엇을 들려줄 것인가를 설계하는 번역의 단계라면 사운드 믹싱은 어떻게 들리게 할 것인가를 확정하는 안정화의 단계다. 이 두 과정은 분리된 작업이 아니라 인간 창작자와 다양한 소프트웨어 같은 비인간 행위자들이 단계적으로 개입하며 영상의 의미를 청각적으로 재구성하는 연쇄적 작업으로 이해할 수 있다.

사운드 디자인에서 AI

AI는 사운드 후반 작업에서도 다양한 방식으로 개입하며 소리의 생성 · 정리 · 배치 과정을 재구성한다. 사운드 디자인에서도 AI는 인간의 판단을 대체하는 도구가 아니라 사운드 후반 네트워크에 참여해 작업의 기준과 선택지를 조직하는 비인간 행위자로 작동한다. 첫째, AI는 노이즈 제거와 음질 복원을 수행한다. 과거에는 대역

필터와 이퀄라이저를 사용해 엔지니어가 수동으로 배경 잡음을 제거했지만 이제는 머신러닝 기반 노이즈 리덕션(noise reduction) 소프트웨어가 음성 신호와 잡음을 정밀하게 분리한다. 예컨대 누엔도와 큐베이스는 AI 기반의 스펙트라레이어(SpectraLayers)를 내장하여 목소리와 배경음을 레이어별로 분리하는 고차원적인 복원을 지원한다. 로직 프로는 뉴럴 엔진을 활용한 음성 분리(voice isolation) 기능을 통해 야외의 복잡한 소음 속에서도 목소리만 깨끗하게 추출한다. 이 과정에서 AI는 음질 손상을 최소화하며 대사의 명료도를 높이고 사운드 디자이너가 후속 작업에 집중할 수 있는 안정된 출발점을 만든다.

둘째, AI는 믹싱 보조에 개입한다. AI는 완성된 오디오 트랙을 분석해 음악, 대사, 효과음을 개별 요소로 분리하고 재믹싱이나 리마스터링이 가능한 상태로 재구성한다. 이를 통해 믹싱 엔지니어는 대사가 묻히는 장면에서 대사만을 빠르게 조정하거나 효과음의 존재감을 조절할 수 있다.

셋째, AI는 효과음 생성과 라이브러리 탐색 방식을 변화시킨다. 방대한 사운드 라이브러리에서 원하는 효과음을 찾는 과정에서 AI는 텍스트 검색뿐 아니라 음향적 특징을 기반으로 유사 소리를 생성한다. 일레븐랩스(ElevenLabs)에서 사용자가 "바닷가 파도 소리"를 프롬트로 입력하면 곧바로 그에 어울리는 효과음을 여러 개의 선택지로 제시한다.

넷째, AI는 배경 음악 작곡과 편집에 개입한다. 수노(SUNO)나 아이바(AIVA)와 같은 AI 음악 생성 서비스는 장면의 길이, 분위기, 장르 조건을 입력받아 맞춤형 음악을 작곡한다. 예를 들어 감정적 클라이맥스를 위한 느린 템포와 특정 악기 조합을 제시하면 AI는 저작권 부담 없는 음악을 생성한다(권승태, 2024).

다섯째, AI는 음성 합성과 목소리 변환 영역으로 사운드 디자인의 범위를 확장한다. 텍스트-투-스피치(Text-to-Speech)와 보이스 컨버전(Voice Conversion) 기술을 활용하면 사운드 디자이너는 내레이션이나 더빙을 빠르게 제작하거나 특정 음색을 기반으로 새로운 음성을 생성할 수 있다.

이처럼 AI는 사운드 후반 작업에서 노이즈 제거, 요소 분리, 효과음 생성, 음악 작곡, 음성 합성에 이르기까지 다양한 지점에 개입한다. 사운드 후반 작업은 더 이상 엔지니어 개인의 숙련도에만 의존하지 않는다. 인간 사운드 디자이너와 믹싱 엔지니어, AI 알고리즘, 소프트웨어

플랫폼이 함께 연결된 네트워크 안에서 소리는 단계적으로 번역되고 안정화되며 스토리를 전달하는 결과물로 완성된다.

참고문헌

권승태(2024). “AI 생성 이미지의 정체성과 시각 예술의 변화”. 《영상문화》, 45, 5~28쪽.

CEI(2025.12.6). How AI Photo Editing Is Transforming Quality at Color Experts International. Color Experts International. https://www.colorexpertsbd.com/blog/how-ai-photo-editing-is-transforming-quality-at-color-experts-international/

OpusClip(2025.11.17). 10 Best AI Color Grading Tools for Creators. https://www.opus.pro/blog/best-ai-color-grading-tools

07
데이터와 품질 관리에서 행위자의 상호작용

데이터 관리에서는 DIT와 소프트웨어, AI가 함께 촬영 원본을 편집 가능한 네트워크로 번역한다. 품질 관리에서는 AI 검사 도구와 인간 검수자가 규격과 완성도를 확인하며 결과물의 이동 가능성을 판단한다. 이 두 단계는 인간과 비인간 행위자가 협력해 영상의 최종 상태를 안정화하는 핵심 과정이다.

AI와 애니메이션?

데이터 관리에서 행위자 상호작용

후반 작업의 첫 단계는 현장에서 촬영한 방대한 푸티지, 사운드, 메타데이터를 편집 네트워크로 편입하는 과정에서 시작한다. 이 단계는 흔히 데이터 인제스트(Ingest)라 부른다. 인제스트는 단순한 파일 전송이 아니라 촬영한 이미지를 이후 제작 과정에 참여할 수 있도록 새로운 관계망 안으로 안정적으로 재배치하는 과정이다. 이 과정에서 DIT(Digital Imaging Technician)나 데이터 매니저는 핵심적인 인간 행위자로 작동한다. 그러나 이들은 단독으로 작업을 수행하는 주체라기보다 카메라, 저장 매체, 소프트웨어, 편집 시스템과 끊임없이 상호작용하며 데이터의 상태를 조정하는 매개자에 가깝다. DIT는 촬영 원본을 옮기는 데 그치지 않고 촬영 현장에서 색 보정 프리뷰를 제공하거나 카메라 설정과 이미지 품질을 점검함으로써 촬영 단계와 후반 작업 단계 사이의 연결을 안정화한다. 이는 필름 시대 로더(loader)가 필름과 현상 시스템을 매개했던 역할을 디지털 환경에서 대체한 형태라 할 수 있다.

촬영 원본은 SD 카드, CFast 카드, SSD와 같은 저장 장치에 기록된 상태로 존재하지만 이 상태에서는 여전히 촬영 현장에 묶여 있다. DIT는 전용 리더기와 편집 시스템을 통해 이 데이터를 새로운 저장 환경으로 이동시킨다. 이때 숏풋프로(ShotPut Pro), 헤지(Hedge), 실버스택(Silverstack)과 같은 전문 소프트웨어가 비인간 행위자로 개입한다. 이러한 소프트웨어는 데이터 무결성 검증(checksum)을 통해 복사 과정의 오류를 감시하고 데이터가 동일한 상태로 유지되었음을 보증함으로써 인간 행위자의 신뢰 판단을 기술적으로 보완한다.

데이터가 안전하게 편집 네트워크 안으로 들어오면 DIT는 트랜스코딩이나 프록시 생성을 통해 촬영 원본의 형태를 다시 변환한다. 이는 촬영 데이터를 편집자가 다루기 쉬운 새로운 파일 형태를 만들어 내는 번역 작업이다. 동시에 클립 이름을 일정한 규칙에 따라 재정렬하고 신 번호나 테이크 번호와 같은 태그를 부여함으로써 개별 클립들을 서로 비교하고 선택할 수 있는 조건을 마련한다. 이 과정에서 파일 이름, 태그, 메타데이터 역시 비인간 행위자로 작동하며 이후 편집자의 선택과 판단의 범위를 미리 구조화한다.

이처럼 데이터 관리와 정리 단계는 단순한 준비 작업이 아니라 현장에서 제작한 원본 소스를 편집과 후반 작업이라는 다음 네트워크에 안정적으로 연결되도록 인간과 비인간 행위자들이 협력하는 상호작용의 장이다. 이 단계에서 형성된 관계와 규칙은 이후 편집과 후반 전체의 속도와 품질을 결정하는 중요한 조건으로 작동한다.

후반 작업의 마지막 단계에서 편집자는 오프라인 편집에 사용했던 저화질 파일을 고화질 원본으로 교체하고 해상도, 프레임 레이트, 색 공간 등 기술적 요소들이 정확히 일치하는지를 직접 점검한다. 편집자는 VFX 숏을 최종 시퀀스 안에 완전히 통합하고 미세한 편집 오류를 수정한 뒤 화면 구성을 더 이상 변경하지 않는 상태로 고정한다. 이후 편집자는 배포 환경에 맞는 최종 결과물을 만들기 위해 마스터링(Mastering)을 수행한다. 또 극장 상영을 위한 DCP(Digital Cinema Package), 방송 납품용 MXF(Material eXchange Format), 국제 배포를 위한 IMF(Interoperable Master Format), 웹 스트리밍용 MP4 등 다양한 포맷을 제작한다. 즉 편집자는 인코딩, 메타데이터 삽입, 채널 구성 설정을 통해 영상이 TV, 극장, 온라인 플랫폼에서 어떻게 재생될지를 사전에 규정한다.

데이터 관리에서 AI

AI 기술은 데이터 관리와 정리 작업 역시 자동화하며 편집 네트워크에 새로운 비인간 행위자로 편입된다. 범용 영상 편집기로 프리미어 프로와 다빈치 리졸브, 파이널 컷프로는 촬영한 비디오와 녹음한 오디오를 체계적으로 관리하고 배열하는 기본 환경을 제공하며 편집자가 개입해 판단할 수 있는 구조를 사전에 설정한다. 이 소프트웨어들은 클립을 미디어 종류, 주제, 선호 등의 기준으로 묶어 이후 편집자가 빠르게 검색하여 타임라인에 쉽게 불러올 수 있도록 관계를 미리 정리한다.

아비드 미디어 컴포저(Avid Media Composer)의 스크립트 싱크(Script Sync) AI는 시나리오와 촬영 영상을 자동으로 연결해 기존에 편집자가 수행하던 분류와 기록 작업의 상당 부분을 알고리즘이 대신 수행하도록 만든다. 스크립트 싱크 AI는 모든 촬영 테이크를 자동으로 색인하고 시나리오의 문장 단위와 대응시켜 배열한다. 이 과정에서 AI는 어떤 테이크를 비교 가능한 후보로 남길지 사전에 선별하는 비인간 행위자로 작동한다. 그 결과 편집자는 모든 테이크를 처음부터 훑기보다 AI가 정리한 선택지 안에서 판단을 수행한다. 이러한 변화는 특히 다큐멘터리 편집에서 편집 네트워크의 구조를 크게 바꾼다. 과거에는 편집자가 인터뷰 영상을 반복 재생하며 수기로 대사를 받아쓰고 클립을 분류했지만 AI는 인터뷰 음성을 자동으로 텍스트로 변환하고 이를 기준으로 영상에 즉시 접근할 수 있는 경로를 제공한다(권승태, 2024). 이로써 스크립트 싱크(Script Sync) AI는 인터뷰 영상을 시각적으로 편집 가능한 의미 단위들의 집합으로 재구성하는 역할을 한다.

데이터 매니저는 AI를 미디어 자산 관리(Media Asset Management, MAM) 시스템과 함께 사용해 많은 양의 영상 자료를 체계적으로 정리한다. AI는 영상 속에 등장하는 인물, 사물, 로고, 자막 등을 자동으로 인식하고 그 정보를 메타데이터로 붙여 준다. 또한 영상에 포함된 음성을 글자로 바꾸고 그 대사가 언제 나오는지 시간 정보와 함께 저장한다. 예를 들어 축구 경기 영상의 경우 AI는 특정 선수의 등장 장면이나 골이 들어간 순간, 협찬 브랜드 로고가 화면에 나타난 시점을 자동으로 찾아 기록한다. 인터뷰 영상의 내용을 자동 자막으로 변환해 원하는 말을 검색하면 바로 해당 장면을 찾을 수 있게 만든다. 이런 방식 덕분에 과거에는 사람이 직접 수행했던 라벨링, 타임코드 기록, 콘텐츠 요약 등의 로그 작성과 분류 작업이 크게 줄어들고 영상 자료를 찾고 활용하는 속도와 효율은 훨씬 높아진다.

국내 주요 방송사들도 이와 같은 AI 기반 자산 관리 체계를 적극적으로 실험하고 있다. SBS는 자체 AI 얼굴 인식 기반 검색을 활용해 방대한 아카이브 영상을 빠르게 활용할 수 있도록 하고 있다(이상진, 2025). MBC 역시 비디오 스쿠버(Video Scoover)라는 자체 AI 기술로 촬영 원본의 대사를 자동으로 정리하고 있다(윤유경, 2025). 이러한 시도는 방대한 방송 자료를 새로운 제작과 기획을 가능하게 하는 디지털 자산으로 전환하려는 전략적 실천이다.

품질 관리에서 행위자 상호작용

영상 제작의 최종 단계인 품질 관리(Quality Control, QC)는 완성한 콘텐츠를 의도한 품질과 규격에 충족한 상태로 시청자에게 전달되는지 확인하는 과정이다. QC는 크게 기술적 요소를 점검하는 절차와 미학적 · 서사적 일관성을 확인하는 절차로 이루어진다. 기술적 QC에서는 객관적 측정과 규격 확인을 통해 영상과 오디오의 안정성을 점검한다. 영상의 경우 해상도와 프레임 레이트, Rec.709나 Rec.2020과 같은 색공간이 요구 조건에 맞게 적용되었는지 확인하고 블록 노이즈나 밴딩 같은 아티팩트, 노이즈, 블랙 · 화이트 레벨 클리핑 여부를 점검한다. 이러한 점검은 웨이브폼 모니터와 같은 계측기를 통해 수행되며 화면이 기술적으로 허용된 범위 안에서 표현되고 있는지를 확인하는 과정이다.

오디오 QC에서는 LKFS 라우드니스 기준 준수 여부와 트루 피크(True Peak) 초과 여부를 검사해 실제 재생 환경에서 소리가 깨지거나 찢어지지 않도록 한다. 또한 드롭아웃, 불필요한 노이즈, 영상과의 싱크 정확성을 확인하고 납품 규격에 맞는 코덱과 채널 구성이 적용되었는지도 점검한다. 이 과정에서 소프트웨어 기반 자동 검사 도구는 기술적 오류를 빠르게 탐지하며 QC 네트워크의 중요한 비인간 행위자로 작동한다.

자막과 메타데이터 역시 QC의 주요 대상이다. 자막은 대사와 정확히 동기화되어야 하며 오타나 번역 오류, 누락된 내용이 없는지 확인해야 한다. 또한 플랫폼별 규격에 맞는 자막 길이와 읽기 속도, 줄 수가 유지되는지도 점검한다. 메타데이터 오류는 유통 단계에서 치명적인 문제를 야기할 수 있기 때문에 이 역시 QC 단계에서 반드시 확인된다.

기술적 기준 점검과 더불어 QC는 창의적 · 미학적 일관성도 함께 살핀다. 색 보정 톤이 컷마다 일관되게 유지되는지 컷 간 연속성 오류나 편집 흐름의 불균형이 없는지 사운드의 분위기와 감정선이 이야기와 충돌하지 않는지를 검토한다. 이러한 요소는 수치로 완전히 환원할 수 없기 때문에 인간 검수자의 시청 경험과 판단이 결정적인 역할을 한다.

QC는 수행 방식에 따라 자동 품질 검사와 수동 품질 검사로 나뉜다. 자동 품질 검사는 소프트웨어나 AI를 활용해 대량 콘텐츠의 기술적 오류를 효율적으로 탐지하는 방식이며 수동 품질 검사는 QC 전문가가 처음부터 끝까지 직접 시청하며 자동 검사가 놓치기 쉬운 미묘한 문제를 식별하는 방식이다. 이 단계는 인간 검수자와 자동 검사 소프트웨어, 규격 문서와 계측기가 함께 작동하며 결과물의 형식과 의미를 최종적으로 안정화하는 지점이라 할 수 있다.

QC를 통과하지 못한 결과물은 유통 단계로 진입하지 못한다. 이는 QC가 단순한 점검 절차를 넘어 네트워크의 경계를 설정하고 결과물의 이동을 통제하는 문지기임을 분명히 보여 준다. 반대로 QC를 통과한 영상은 더 이상 수정하는 대상이 아니라 납품 업체의 규격에 맞는 최종본이 되어 제작 현장과 후반 작업 네트워크를 떠나 배급과 상영, 스트리밍이라는 새로운 관계망으로 이동한다. 요컨대 QC는 제작의 부차적 단계가 아니라 인간과 비인간 행위자들이 함께 개입해 영상의 최종 상태를 승인하고 책임을 분배하는 결정적 번역의 단계다. 이 과정을 통해 영상은 기술적으로 안정화되고 미학적으로 일관된 상태로 고정되어 시청자에게 전달될 준비를 마친다.

품질 관리에서 AI

AI는 영상 제작의 최종 단계인 품질 검사 QC에 구체적인 기술 행위자로 개입하며 오류 탐지와 규격 준수를 자동화한다. 이 단계에서 AI는 영상이 유통 가능한 상태로 고정될 수 있는지를 판단하는 핵심 행위자로 작동한다. 방송 및 포스트 프로덕션 현장에서 가장 널리 활용되는 사례로는 인테라 시스템(Interra Systems)의 바톤(Baton)을 들 수 있다. 바톤은 수천 가지 방송 및 전달 규격 체크리스트를 자동으로 스캔하며 영상 신호 오류, 오디오 레벨 초과, 자막 싱크 문제 등을 프레임 단위로 검출한다. 이 시스템은 인간 QC 담당자가 모든 규칙을 기억하고 적용해야 했던 부담을 AI가 대신 떠안음으로써 품질 관리의 기준 자체를 자동화된 규칙 집합으로 안정화한다(Global Broadcast Industry News, 2025).

유사하게 텔레스트림(Telestream)의 비드체커(Vidchecker)는 비디오와 오디오의 기술 규격 준수 여부를 자동으로 확인할 뿐 아니라 일부 오류를 직접 수정하는 오토픽스(Auto-fix) 기능까지 제공한다. 예컨대 오디오 레벨이 기준을 초과하면 자동으로 감쇠를 적용하거나 메타데이터 오류를 수정해 재출력할 수 있다(Kurz, 2025). 포바이포(4by4)의 화질 개선 AI 솔루션 픽셀은 단순한 업스케일링을 넘어 방송 및 OTT 제작 규격에 맞는 해상도와 선명도를 보증하는 방향으로 작동한다(백봉삼, 2024). 이때 AI는 원본 영상의 한계를 보완하는 동시에 해당 영상이 규격을 충족한 결과물로 인정받을 수 있도록 조건을 재설정하는 비인간 행위자로 기능한다.

결국 AI 기반 QC는 단순한 효율화 기술이 아니라 영상이 사회적·제도적 네트워크 안으로 진입할 수 있는 자격을 결정하는 번역 장치다.

참고문헌

권승태(2024). "AI 생성 이미지의 정체성과 시각 예술의 변화". 《영상문화》, 45, 5~28쪽.

백봉삼(2024.10.17). "포바이포, 화질 개선 AI 솔루션 '픽셀' 베타서비스… "내년 초 출시"". ZDNET Korea. https://zdnet.co.kr/view/?no=20241017084711

윤유경(2025.4.19). 계엄령 재구성에 치매관리까지…만나면 좋은 AI친구 MBC의 도전, 미디어오늘. https://www.mediatoday.co.kr/news/articleView.html?idxno=325654

이상진(2025). K-콘텐츠의 새로운 진화, AI를 통한 방송사 제작현장의 변화, 기술과 혁신 VOL.474.

Global Broadcast Industry News(2025.5.13). Comcast Technology Solutions Achieves Enhanced QC Efficiency With Interra Systems' BATON Version 9. https://www.globalbroadcastindustry.news/comcast-technology-solutions-achieves-enhanced-qc-efficiency-with-interra-systems-baton-version-9/

Kurz, P.(2025.8.6). Telestream to Show New Vantage AI at IBC 2025. TV Tech. https://www.tvtechnology.com/news/telestream-to-show-new-vantage-ai-at-ibc-2025

08
협업 관리에서 행위자의 상호작용

협업 관리는 감독 · 편집자 · 스태프 같은 인간 행위자와 소프트웨어, 클라우드, 타임라인, AI가 함께 연결된 네트워크에서 이루어진다. 통합 협업 툴과 AI는 버전 관리, 피드백 정리, 일정 추적을 자동화해 판단의 기준과 작업 흐름을 안정화한다. 그 결과 영상 제작의 의미와 책임은 개인이 아니라 인간과 비인간 행위자들의 상호작용 속에서 공동으로 형성된다.

AI와 인재 채용?

창의성의 원천으로서 협업

공동 작업으로서 영상 제작의 핵심은 전문가 간의 원활한 소통을 통해 핵심 내용과 형식을 공유하는 데 있다. 감독이나 프로듀서는 기획 단계에서 영상의 의도, 스타일, 톤 등을 제시하고 편집자는 이를 바탕으로 촬영된 현실을 관객의 시선에서 재구성한다. 즉 편집자는 감독이 장기간 몰입해 온 시선과 거리를 유지하며 관객의 위치에서 그 사안을 다시 바라본다. 편집자는 가편집본을 제작해 감독과 프로듀서에게 전달하고 이들은 다시 피드백을 제공한다. 최종본이 확정되기까지 이러한 소통은 반복적으로 이루어진다. 이 과정에서 가편집본은 감독의 의도와 편집자의 해석이 충돌하고 조정되는 협상 장치로 작동한다. 가편집본은 인간 행위자들 사이의 관계를 재조정하는 번역 장치다. 또 편집자는 감독의 의도를 그대로 따르는 존재가 아니라 그 의도가 관객에게 설득력 있게 전달될 수 있는지를 점검하고 조정하는 중재자(mediator)로 기능한다. 번역 개념은 예술가를 단순한 표현자가 아닌 기술과 사회적 맥락을 조정하며 의미를 형성하는 네트워크의 중재자로 재위치시킨다(임우주 · 신지호, 2025). 영상 제작은 처음부터 끝까지 단일한 의도의 실행이 아니라 다수의 행위자가 지속적으로 의미를 조정하는 협업의 과정이다. 이러한 협업은 인간 전문가들 사이의 대화에만 국한되지 않는다. 편집실이라는 공간, 소프트웨어, 시나리오, 스토리보드, 참조 영상, 가편집본 등은 모두 협업을 매개하는 비인간 행위자로 작동한다.

영상 제작은 장르가 달라질수록 협업 네트워크의 구조 역시 달라진다. 광고 제작의 경우에도 광고주와 대행사는 발주 요청, 시안 제시, 수정 요구를 반복해 오가며 아이디어와 콘셉트를 협상하고 최종안을 확정한다. 이때 편집자는 빠르게 변화하는 요구를 조율해야 한다. 다큐나 예능 같은 논스크립트 장르(non-scripted genre)에서는 사전에 작성한 대본이 모든 것을 규정하지 않기 때문에 편집자는 촬영된 영상을 보면서 실제 상황에 맞게 스토리를 재구성한다. 유튜브 편집에서는 업로드 일정, 플랫폼 알고리즘, 자막 가독성 같은 비인간 조건들이 편집자의 선택을 강하게 제약한다. 이처럼 각 장르에서 편집자는 서로 다른 행위자들과 연결하며 그때마다 다른 협업 전략을 구성한다.

사운드 디자인과 믹싱, 색 보정, VFX 작업에서도 협업의 논리는 유사하게 작동한다. 사운드 디자이너는 영상이 이미 고정된(picture lock) 뒤에 개입하기 때문에 제한된 시간 안에 감독의 연출 의도를 정확히 구현해야 한다. 컬러리스트는 촬영과 조명, 연출이 만들어 낸 이미지를 바탕으로 워크플로를 설계하고 데이터를 관리하며 결과에 대해 클라이언트를 설득한다. 이때 전문 툴과 하드웨어, 로그 포맷, 색 공간 규격, 레퍼런스 모니터, 캘리브레이션 기준, 납품 규격 등도 모두 인간 행위자와 함께 의미를 생산하는 비인간 행위자로 작동한다.

흥미로운 점은 많은 전문가들이 공통적으로 관계 속에서 발생하는 플러스 알파를 협업의 핵심 가치로 언급한다는 점이다. 감독과 논의 중 즉흥적으로 제안한 내레이션, 실험적인 컷 구성, 예상하지 못한 사운드나 색의 선택은 기존 기획에 없던 새로운 의미를 생성한다. 이러한 제안이나 실험은 개인의 재능만으로 발생하지 않는다. 다른 전문가, 편집 시스템, 피드백 시스템, 시사 환경이 결합될 때 비로소 가능해진다. 창의성은 개인 내부에서 발생하는 것이 아니라 인간과 인간, 인간과 비인간 행위자 간의 관계에서 우발적으로도 촉발된다.

AI의 도입은 이 협업 네트워크를 다시 한번 재구성한다. 자동 전사, 자동 색 보정, 자동 QC, 자동 자막 생성 같은 기능들은 반복적 노동을 대신 수행하며 편집자와 감독이 논의해야 할 문제는 기술적 처리에서 서사적·

미학적 판단으로 옮겨간다. AI는 감독의 미묘한 연출 의도나 선호를 능동적으로 판별하지는 못한다. 즉 AI가 수행하는 자동화는 아직 단순 반복적인 영역에 머물며 창의적인 판단까지 대신하지는 않는다. 그러므로 결국 영상 제작은 감독, 편집자, 컬러리스트, 사운드 디자이너, 디자이너, 클라이언트, 그리고 AI, 소프트웨어와 데이터, 규격과 플랫폼이 얽힌 행위자-연결망의 산물이다. 이 협업 네트워크 안에서 의미는 편집자 같은 특정 주체의 의도에 의해 결정되는 것이 아니라 관계망에서 발생하고 그 책임 역시 관계망 전체로 분산된다.

통합 협업에서의 행위자 상호작용

협업 환경에서 영상 제작은 더 이상 개인의 숙련도나 경험 많은 관리자의 조율에만 의존하지 않는다. 특히 여러 부서가 동시에 개입하는 후반 작업에서 가장 중요한 조건은 모든 참여자가 동일한 최신 상태의 작업물을 공유하는 것이다. 이는 출판 과정에서 최종 원고가 아닌 이전 버전으로 교정이 진행될 경우 전체 작업을 다시 해야 하는 상황과 유사하다. 영상 제작에서도 하나의 편집본이 여러 팀으로 분기되는 순간 버전의 불일치는 곧바로 혼란과 추가 노동을 발생시킨다. 이러한 문제는 인간 행위자의 실수라기보다 협업 네트워크를 조직하는 비인간 행위자의 부재에서 발생한다. 편집본, 타임라인, 프로젝트 파일, 미디어 자산은 협업을 가능하게 하거나 차단하는 핵심 행위자다. 프레임.IO(Frame.IO), 숏그리드(ShotGrid), 에프트랙(Ftrack), 아이코닉(Iconik) 같은 통합 협업 도구는 이들을 중앙에서 관리함으로써 모든 참여자가 공식적으로 승인된 하나의 작업 상태에 접근하도록 만든다. 그 결과 최신 편집본을 둘러싼 확인과 조정의 부담은 개인의 판단에서 벗어나 협업 네트워크가 맡게 된다.

기존의 순차적 분업 방식은 기획에서 마스터링까지 단계를 명확히 구분하고 각 단계가 끝난 결과물을 다음 단계로 넘기는 방식으로 작동했다. 이 방식은 책임 범위를 분명히 하고 품질 관리에 유리했지만 전체 일정이 특정 부서의 진척도에 종속되는 구조적 한계를 지녔다. 수정이 필요할 경우 다시 이전 단계로 되돌아가야 했고 그 과정에서 시간과 비용이 크게 증가했다. 이 워크플로에서는 픽처록이 다른 부서의 작업을 개시하는 절대적 기준점으로 기능했다.

다빈치 리졸브가 제시하는 통합 협업 모델은 이러한 구조를 근본적으로 재편한다. 다빈치 리졸브는 편집, 색 보정, VFX, 오디오 작업을 하나의 프로그램 안에서 처리함으로써 여러 프로그램 사이에서 오가며 처리하던 과거 방식을 하나의 작업 공간으로 통합해 작업 과정을 단순하고 안정적으로 만든다. 이는 코덱 변환 과정에서 발생하던 화질 저하나 데이터 유실 가능성을 줄일 뿐 아니라 작업 단계 간 경계를 느슨하게 만든다. 즉 컨베이어 벨트 시스템처럼 한 공정이 끝나야 다음 공정으로 넘어가는 것이 아니라 작업 단계들과 순서가 엄격히 분리되지 않고 편집, 색 보정, 사운드, VFX 간의 교차 작업이 유연해진다. 특히 다빈치 리졸브는 블랙매직 클라우드(Blackmagic Cloud)를 도입하여 편집자, 컬러리스트, 감독이 동일한 타임라인에서 동시에 작업하는 진정한 비선형적 프로세스를 구축했다(Blackmagicdesign, 2025). 이때 이러한 올인원 프로그램 자체가 통합 협업을 조율하는 핵심 행위자로 작동한다.

어도비의 전략은 단일 툴이 아닌 생태계 차원의 통합에 있다. 프리미어 프로와 애프터 이펙트 간의 다이내믹 링크, 그리고 프레임.IO를 중심으로 한 클라우드 리뷰 시스템은 각 전문 애플리케이션을 하나의 협업 네트워크로 묶는다. 프레임.IO는 영상 위 특정 프레임에 직접 피드백을 남길 수 있게 하여 추상적인 의견 교환을 구체적인 타임라인상의 수정 지점으로 번역한다(Begalman, 2025). 이로써 피드백은 더 이상 이메일이나 메신저에 흩어지지 않고 타임라인과 직접 결합한 행위자로 작동한다.

통합 협업은 단순한 효율 개선이 아니다. 이는 편집자, 감독, 컬러리스트, 사운드 디자이너, 클라이언트라는 인간 행위자와 함께 클라우드, 협업 툴, 타임라인, 버전 관리 시스템, AI가 하나의 네트워크를 형성하는 과정이다. 이 네트워크 안에서 작업의 순서, 책임, 판단 기준은 지속적으로 재조정된다. 결과적으로 통합 협업 환경은 영상 제작을 개인의 숙련에 의존하는 방식에서 벗어나 인간과 비인간 행위자가 함께 의미와 형식을 안정화하는 공동 작업으로 전환시킨다.

협업 관리에서 AI

영상 제작의 성패는 개별 작업자의 역량보다 인간과 비인간 행위자들이 어떤 방식으로 연결되고 조정되는가에 달려 있다. 공동 작업으로 영상 제작은 더 이상 한 공간, 한 팀, 한 장비 안에서 완결되지 않는다. 제작 환경은 분산되었고 협업은 일상화되었다. 이러한 조건 속에서 AI는 단순한 편의 기능을 넘어 협업 환경을 조직하고 판단의 기준을 안정화하는 핵심 행위자로 개입한다.

통합 협업 환경에 AI가 결합하면서 행위자 네트워크는 더욱 복잡해진다. 클라우드에 업로드된 녹음 파일을 AI가 분석해 누락된 대사나 오류를 탐지하고 자동 전사 데이터를 제공한다. 협업은 개인의 확인에 의존한 정보 공유가 아니라 시스템이 자동으로 공유하는 정보에 기반한 판단으로 재편된다.

AI와 클라우드 기술은 영상 후반 작업의 공간 구조를 재편한다. 하이브리드 워크플로는 스튜디오 내부의 고성능 워크스테이션과 외부에서도 접속 가능한 클라우드 기반 작업 환경을 유기적으로 연결한다. 제작진은 색 보정, 종합 편집, 마스터 인코딩처럼 고사양 연산이 필요한 작업을 내부 시스템에서 수행하고 데일리(daily:검토용 영상) 확인, 테이크 선택, 컷 편집, 자막 수정 같은 판단 중심 작업을 클라우드에서 병렬적으로 진행한다. 이때 AI는 프록시 생성, 메타데이터 정리, 변경 사항 동기화를 자동화하며 공간적 분산을 협업의 장애가 아니라 조건으로 전환한다. 예를 들어 카메라 투 클라우드(Camera to Cloud, C2C) 환경에서는 현장에서 촬영한 영상을 AI가 즉시 프록시 파일로 변환해 클라우드에 업로드한다. 편집자는 이를 곧바로 편집하고 그 결과를 촬영 현장에서 실시간으로 확인할 수 있다. 과거 며칠씩 걸리던 데일리 확인 과정은 몇 분 단위로 단축된다(Gesuelli, 2026). 즉 AI는 가벼운 용량의 파일을 자동으로 만들어 컴퓨터 사양이 다양한 공간에서 여러 제작진이 동시에 일할 수 있게 도와준다. 결과적으로 하이브리드 환경은 보안과 품질을 유지하면서도 협업의 유연성과 속도를 동시에 확보한다.

영상 후반 작업에서 데이터는 지적 재산이며 동시에 법적 · 경제적 책임을 수반하는 객체다. AI 기반 보안 시스템은 이 데이터를 보호하는 규칙을 자동으로 실행한다. 전송 구간 암호화, 사용자 접근 제어, 2단계 인증 같은 절차는 더 이상 관리자의 기억이나 주의에 의존하지 않는다. 예를 들어 프레임.IO는 리뷰 링크 접근 권한을 제한하고 모든 접속 기록을 자동으로 남긴다. 또 AI 기반 협업 시스템은 버전 관리 문제를 Single Source of Truth, 즉 단일 공식 출처의 원칙으로 해결한다. 프로젝트 파일, 영상 클립, LUT, 자막을 모두 중앙에서 관리하며 변경 이력을 자동으로 기록한다. 프리미어 프로와 프레임.IO의 연동, 다빈치 리졸브의 협업 기능과 드롭박스(Dropbox)의 버전 관리 구조는 이러한 자동화를 실질적으로 구현한다.

협업에서 중요한 것은 회의를 얼마나 자주 하느냐가 아니라 무엇을 어떻게 하기로 결정했는지를 분명하게 남기고 공유하는 것이다. 줌(Zoom)이나 구글미트(Google Meet)는 사람들이 모여 말하게 해 주는 화상회의 툴이라면 프레임.IO, 윕스터(Wipster), 파일스테이지(Filestage) 같은 협업 툴은 영상의 어느 부분을 어떻게 고칠지에 대한 의견을 구조화해 주는 도구다. 여기에서 AI는 회의 내용을 자동으로 기록하고 다시 확인할 수 있는 정보로 정리한다. 또한 AI는 화상회의 툴 안에서 여러 사람의 의견 가운데 반복되는 부분과 서로 충돌하는 지점을 구분해 한눈에 보이도록 제공하며 협업 툴 안에서는 댓글과 수정 요청을 자동으로 묶고 분류해 판단이 필요한 지점을 또렷하게 드러낸다(Gesuelli, 2025). 그 결과 제작진은 흩어진 대화를 다시 해석할 필요 없이 각 장면에서 어떤 결정을 내려야 하는지를 즉각적으로 파악할 수 있다. 협업은 이렇게 대화를 늘리는 방식이 아니라 명확한 판단을 축적하고 공유하는 구조로 전환된다.

이렇듯 대규모 후반 작업에서는 일정과 책임의 가시화가 필수적이다. AI 기반 프로젝트 관리 도구는 작업의 흐름을 네트워크로 조직한다. 숏그리드(ShotGrid)와 에프트랙(ftrack)은 컷 단위로 작업자를 지정하고 진행 상태를 실시간으로 추적한다. 스튜디오바인더(StudioBinder)와 켈틱스(Celtx)는 기획·촬영 단계의 정보를 후반 작업까지 연결한다. 이때 AI는 일정 지연이나 병목 구간을 예측하며 협업 네트워크의 균형을 조정한다.

협업 환경에서 AI는 작업을 대체하지 않는다. AI는 기준을 고정하고 흐름을 연결하며 판단을 가능하게 만드는 비인간 행위자로 네트워크에 편입된다. 인간 제작자는 이 네트워크 안에서 창의적 결정을 수행하고 AI는 그 결정이 흔들리지 않도록 협업의 조건을 유지한다. 결국 AI는 효율을 넘어 협업이 성립하는 환경 자체를 구성하는 핵심 행위자로 기능한다.

참고문헌

임우주·신지호(2025). "ANT 관점에서 본 생성형 AI와 예술 창작 주체성의 재구성". 《디지털콘텐츠학회논문지》, 26(9), 2477~2485쪽.

Begalman, A.(2025.4.22). Finally Some Good News: Hollywood's New Environmental Tools Are Working. The Hollywood Reporter. https://www.hollywoodreporter.com/business/business-news/hollywood-environmental-tools-1236195354/

Blackmagic Design(2025.1.19). The Finish Line Takes a Cloud First Approach. https://www.blackmagicdesign.com/media/release/202501

19-01

Gesuelli, K.(2025.9.12). Elevate video production with Adobe. Adobe for Business.
https://business.adobe.com/blog/elevate-video-production-with-adobe

Gesuelli, K.(2026.1.30). Frame.io Camera to Cloud — the future of live event production. Adobe for Business.
https://business.adobe.com/blog/frame-io-camera-to-cloud

09
AI 영상 제작의 미장센

AI 영상 제작에서 미장센은 카메라와 장비를 조작하는 문제가 아니라 언어로 장면의 조건을 설계하는 문제로 전환된다. 제작자는 5W1H와 숏의 크기 · 각도 · 스타일을 포함한 프롬프트를 통해 인물, 공간, 분위기를 구체화한다. 이 과정에서 AI 모델은 중립적 도구가 아니라 고유한 학습 경향과 스타일을 가진 비인간 행위자로 개입하며 미장센은 인간의 의도와 알고리즘의 확률적 선택이 협상한 결과로 형성된다.

AI와 기자?

개인 작업으로서의 AI 영상 제작과 행위자 상호작용

전통적인 영상 제작은 본질적으로 공동 작업에 기반한 실천이다. 인간의 인지 능력과 신체적 한계는 이러한 분업을 필연적으로 요구한다. 촬영 현장에서 한 사람이 동시에 연기, 구도, 초점, 조명, 음향을 모두 통제하기는 어렵기 때문이다. 이처럼 전통적 영상 제작은 다수의 인간 행위자들이 협력하는 집단적 네트워크 위에서 성립해 왔다. 이러한 공동 작업은 각 단계마다 전문 인력과 고비용 장비가 필요하므로 제작 효율성이 떨어지고 완성도 높은 콘텐츠를 목표로 하므로 빠른 제작과 버전 반복이 필수적인 숏폼 영상과 어울리지 않는다. 또한 개인 창작자의 진입 장벽이 높다(이준오 · 박승배, 2025).

AI 영상 제작은 이 구조를 근본적으로 재구성한다. 가장 큰 변화는 촬영이라는 단계의 소멸이다. AI는 카메라, 배우, 조명 장비, 녹음 장비 없이도 이미지를 생성하고 움직임을 만들며 사운드를 합성한다. AI 영상 제작에서 프롬프트, 생성 모델, 편집 프로그램이 새로운 비인간 행위자로 네트워크에 편입된다. 인간 제작자는 이들과 상호작용하며 장면을 선택하고 수정한다. 즉 인간은 수행자라기보다 조정자이자 선택자로 기능한다. 그 결과 영상 제작은 다시 개인 작업 영역으로 수렴한다. 생성형 AI는 단시간 내 기획, 구성, 영상 생성, 자막 작업을 통합적으로 수행하면서 반복적인 실험이 용이하므로 숏폼 콘텐츠의 전략적 생산 도구로 적합하다(이준오 · 박승배, 2025).

AI 영상 제작은 순차적 제작 방식 대신 통합적 제작 방식을 채택한다. 아이디어를 떠올리면 곧바로 이미지를 생성하고 생성된 장면을 다시 수정하거나 교체하며 즉시 편집으로 이어간다. 기획, 촬영, 편집이 명확히 구분되지 않고 하나의 연속적 행위로 얽힌다. 이 과정은 공장식 컨베이어 벨트보다 글쓰기의 과정에 가깝다. 제작자는 문장을 고치듯 장면을 바꾸고 단락을 옮기듯 시퀀스를 재배열한다. AI는 이때 장면을 만들어 주는 도구이자 동시에 제작자의 선택 범위를 규정하는 비인간 행위자로 작동한다.

이러한 제작 방식은 초고, 수정, 재작성이라는 반복 구조를 자연스럽게 만든다. 제작자는 생성된 결과물을 타인에게 보여 주고 피드백을 받아 다시 수정한다. 최종본은 더 이상 고치지 않기로 결정한 시점에서 확정된다. 이 결정은 인간 제작자의 판단이지만 그 판단은 생성 모델의 출력 품질, 편집 프로그램의 성능, 작업 시간과 비용 같은 비인간 조건에 의해 영향을 받는다.

이러한 제작 방식이 개인 제작이자 사적인 작업 방식으로 기능할 수 있는 가장 큰 이유는 제작에 소요되는 시간의 급격한 단축에 있다. 제임스 캐머런(James Cameron)이 〈아바타(Avatar)〉(2009)와 같은 대규모 프로젝트를 위해 10년 이상의 시간을 투자했던 방식과 달리 AI 기반의 소규모 영상 제작은 단 하룻밤 만에도 기획과 제작을 완료할 수 있다. 놀라운 것은 속도뿐만 아니라 장르에 있다. 과거에도 하루 만에 제작 가능한 1인 제작이 존재했지만 그 장르는 먹방, 브이로그, 튜토리얼처럼 일상적인 내용에 한정됐다. 그러나 AI 영상 제작은 1인 제작으로 〈아바타〉 같은 CG 집약적인 SF 영화나 대표적인 노동집약적 제작 방식인 애니메이션도 가능하다. 이처럼 짧은 시간 안에 상상할 수 있는 어떤 결과물도 만들 수 있다는 점은 제작 방식의 성격 자체를 변화시킨다. 가장 두드러진 변화는 즉흥성의 강화다. 장기적인 계획과 복잡한 준비 과정을 거치지 않더라도 아이디어가 떠오르는 순간 곧바로 제작에 착수하고 빠르게 결과물을 완성할 수 있다. 이로써 영상 제작은 신중한 장기 프로젝트뿐 아니라 순간적인 생각과 감정에 반응하는 사적인 창작 행위로 확장된다. 아이디어가 떠오르면 바로 생성하고, 바로 편집하며 곧바로 공개할 수 있다. 이 즉흥성은 브이로그나 숏폼 콘텐츠의 제작 방식과 닮아 있다. 개인의 일상과 사적인 감정은 빠르게 기록되고 빠르게 공유된다.

이러한 변화의 흐름 속에서 앞으로는 기존과는 다른 영상 장르가 등장할 가능성이 크다. 많은 시간과 자본, 인력이 투입된 할리우드 영화나 넷플릭스 오리지널과 같은 대규모 작품이 한 축을 이룬다면 다른 한편에서는 누구나 브이로그처럼 가볍게 제작할 수 있는 짧은 영화들이 공존하게 될 것이다. 하룻밤 만에 기획하고 완성하는 소규모 영화, 즉 짧은 시간 안에 만들어 빠르게 소비되는 영상 콘텐츠가 하나의 독립된 영역을 형성할 수 있다.

이러한 흐름은 이미 스낵 컬처(snack culture)라는 개념에서 확인할 수 있다. 이는 과자를 먹듯 5~15분 정도의 짧은 시간 안에 콘텐츠를 소비하는 문화 양식을 가리키는데 영화관에서도 단편 영화를 스낵 무비로 개봉하고 있다(김예랑, 2024). AI를 활용해 신속하게 제작하고 빠르게 소비하는 영화 역시 이 맥락에서 스낵 무비(snack movie)라 부를 수 있을 것이다. 일견 공들인 장편 영화가 아닌 개인이 만든 짧은 영화를 누가 보겠느냐는 의문이 제기될 수도 있다. 그러나 실제로 사람들은 영화관에서 장편 영화를 감상하는 동시에 유튜브에서 훨씬 더 많은 브이로그와 개인 영상을 소비하고 있다.

이는 콘텐츠의 가치가 반드시 투입된 시간, 비용, 인력의 규모에 의해 결정되지 않는다는 사실을 보여 준다. 관객은 완성도 높은 대작뿐 아니라 개인의 일상과 감정이 담긴 사적인 이야기에도 강하게 반응한다. 이러한 조건 속에서 영화는 더 이상 거대한 산업의 결과물에만 머무르지 않고 글쓰기처럼 개인이 혼자 만들어 내는 지극히 사적인 표현 형식으로 확장될 수 있다. AI 기반 영상 제작은 바로 이러한 변화를 가능하게 만드는 핵심 조건이라 할 수 있다.

결국 AI 영상 제작은 영상 제작을 다시 개인의 서사적 실천으로 끌어온다. 그러나 이 개인 작업은 고립된 창작이 아니다. 인간 제작자는 AI, 데이터, 생성 알고리즘, 편집 프로그램 인터페이스, 플랫폼이라는 비인간 행위자들과 끊임없이 상호작용하며 결과물을 만든다(McCormack et al., 2019). 이 네트워크 안에서 창의성은 개인 내부에서만 발생하지 않는다. 창의성은 인간과 비인간 행위자가 연결되는 지점에서 발생한다(임우주 · 신지호, 2025). AI 영상 제작은 바로 이러한 새로운 행위자-연결망 위에서 작동하는 개인적이면서도 기술적으로 매개된 창작 방식이라 할 수 있다.

AI 영상 제작의 미장센

전통적인 촬영은 카메라 기술, 렌즈 특성, 구도, 심도 등 배워야 할 요소가 많다. 반면 AI를 활용한 영상 제작은 말이나 글로 지시할 수 있다는 점에서 진입 장벽이 낮다. 그러나 중요한 점은 AI로 이미지를 생성하든 실제로 촬영하든 프레임을 구성하는 원리는 동일하다는 사실이다. 결국 핵심은 장면을 어떻게 구성하는가에 있다.

영화는 장면들의 연결로 이루어진다. 여기서 장면은 두 가지 의미를 가진다. 하나는 숏(shot)이고 다른 하나는 신(scene)이다. 숏은 녹화를 시작해 멈출 때까지 이어지는 하나의 연속된 영상 단위다. 편집 과정에서는 이를 컷(cut)이라 부르기도 한다. 반면 신은 장소와 시간이라는 시공간 단위를 가리킨다. 예컨대 '교실 신', '바닷가 신', '밤 신'처럼 공간이나 시간대가 기준이 된다. 하나의 신 안에는 여러 개의 숏들이 포함될 수 있으며 이 숏들이 결합되어 신을 형성한다.

우리가 흔히 말하는 미장센(mise-en-scène)은 바로 이 신 안의 다양한 시각적 요소들을 구성하는 방식을 가리킨다. 또 미장센은 촬영 단위인 숏 안을 구성한다는 의미이기도 하다. 그러므로 엄밀히 말하면 '미장숏'이라는 표현이 더 정확할 수도 있다. 그럼에도 미장센이라는 용어가 계속 사용되는 이유는 역사적 배경 때문이다. 이 용어는 원래 연극 무대에서 출발했으며 프랑스어로 'mise'는 '놓다', 'scène'은 '무대'를 뜻한다. 영화가 등장하면서 이 개념은 무대 대신 카메라 숏 안의 세계를 배치하는 개념으로 확장되어 숏의 구성으로 변경되어야 하지만 관습적으로 오늘날까지 미장센이라고 사용하고 있다. 물론 숏들이 모여 신이 되니 결국 촬영은 미장센이라고 할 수 있다.

촬영 기반 영화에서 미장센은 카메라 위치, 앵글, 렌즈, 숏 사이즈, 인물 배치, 세트, 조명, 의상, 소품 등 수많은 전문가의 선택으로 구성된다. AI 영화 제작에서는 이 복잡한 과정을 사람이 직접 수행하지 않는다. 대신 AI에게 숏 안에 어떤 요소들이 있어야 하는지를 명확히 지시해야 한다. 즉 카메라를 조작하는 대신 언어를 통해 미장센을 설계하는 방식으로 전환된다.

이미지 생성에서 핵심은 만들 이미지를 명확하게 언어화하는 일이다. 이미지 생성은 "고양이 한 마리 그려줘"처럼 단순한 요청으로 시작해 계속 수정할 수도 있다. 그러나 이렇게 단계적으로 수정하면 시간과 비용이 빠르게 증가한다. 이미지 생성 역시 비용이 발생하는 작업이다. 따라서 처음부터 전략적으로 구체적인 지시를 내리는 것이 중요하다. 이를 위해 활용할 수 있는 방법이 바로 5W1H다. 5W1H는 누가(Who), 무엇을(What), 언제(When), 어디서(Where), 왜(Why), 어떻게(How)를 의미한다. 기자가 기사를 작성할 때 독자가 상황을 생생하게 상상할 수 있도록 이 요소들을 빠짐없이 전달하듯 AI에게도 장면의 조건을 최대한 구체적으로 제공해야 한다. 다만 5W1H는 본래 글쓰기의 구조이므로 여기에 숏의 정보를 추가해야 비로소 영상 지시가 완성된다.

제작자는 등장인물의 외모, 행동, 장소, 분위기, 시간대, 스타일, 숏의 종류를 구체적으로 제시함으로써 AI가 모호한 평균값 대신 특정한 장면을 생성하도록 유도한다. 여기에 프레임 비율(예: 16:9), 조명 조건, 색감, 장르적 톤까지 함께 제시하면 결과의 정확도는 더욱 높아진다. 예를 들어, 오렌지색 털의 고양이 주인공이 고등학교 교복을 입고 교실에서 시험을 보고 있으며 주변에는 다른 학생들과 시험 감독관이 있고 아침 햇살이 창으로 들어오는 상황을 설정할 수 있다. 여기에 소품(연필, 시험지)과 장소의 세부 특징까지 포함하면 장면은 훨씬 명확해진다. 특히 중요한 요소는 How, 즉 스타일이다. 스타일은 말로 설명하기 어렵다. 이때 가장 효과적인 방법은 참조 이미지를 제시하는 것이다. 미용사에게 말로 머리 스타일을 설명하는 대신 사진을 보여주듯 AI에게도 원하는 스타일의 이미지를 첨부하고 그와 관련된 프롬프트를 작성하면 결과의 정확도가 높아진다. 여기에 숏의 종류, 예컨대 롱숏, 클로즈업숏 같은 숏의 크기나 앙각숏(low angel shot), 부감숏(high angle shot) 같은 숏의 각도를 함께 지정하면 한 번에 원하는 결과를 얻을 가능성이 커진다. 또 챗지피티나 제미나이에게 참조 이미지를 첨부하고 원하는 내용을 작성해 미드저니나 플로(Flow) 같은 특정 AI 생성 서비스를 위한 상세한 영어 프롬프트를 대신 작성해 달라고 요청할 수도 있다.

하나의 프롬프트로 완벽한 이미지를 얻는 경우는 드물다. 왜냐하면 각 AI 모델은 인간의 명령을 그대로 따르는 중립적인 계산 장치가 아니라 학습 데이터, 설계 목적, 기본 파라미터를 통해 특정한 경향성을 띠면서 자신만의 스타일과 확률을 통해 결과를 협상하는 비인간 행위자다. 그러므로 어떤 모델은 사실적인 인물 표현을 선호하고 어떤 모델은 애니메이션적 스타일을 강화하며 또 어떤 모델은 텍스트 구현을 특화한다. 제작자가 아무리 프롬프트를 정교하게 작성해도 결과에는 항상 모델 고유의 디폴트 스타일이 개입한다. 또 어떤 서비스에서는 계획했던 고양이 얼굴의 휴머노이드가 사람 얼굴로 변형되거나 의상이 바뀌거나 인물 수가 늘어나는 오류가 발생한다. 이때 제작자는 프롬프트를 반복적으로 수정하거나 한글 대신 영어를 사용하거나 혹은 생성 결과를 편집 도구로 보완하는 방식으로 대응한다. 결국 정확도는 시간과 비용의 문제다. 무엇을 얼마나 정밀하게 만들 것인지는 제작자의 선택에 달려 있다.

참고문헌

김예랑(2024.10.29). "'밤낚시' 잇는 스낵무비… 4000원 영화 '4분44초' 개봉". 한국경제. https://www.hankyung.com/article/202410297008H

이준오·박승배(2025). "생성형 AI 기반의 숏폼 영상 제작 프로세스에 관한 연구: 영상디자인을 위한 AI 워크플로우 모델 제안". 《상품문화디자인학연구》, 81, 397~408쪽.

임우주·신지호(2025). "ANT 관점에서 본 생성형 AI와 예술 창작 주체성의 재구성". 《디지털콘텐츠학회논문지》, 26(9), 2477~2485쪽.

McCormack, J. et al.(2019). Autonomy, authenticity, authorship and intention in computer generated art. *International Conference on Computational Intelligence in Music, Sound, Art and Design (EvoMUSART)*, pp.35~50.

10
AI 영화의 영상 생성과 몽타주

AI 영화의 영상 생성은 하나의 도구에 의존하지 않고 이미지 · 비디오 · 사운드 생성 서비스를 넘나들며 각 단계에 적합한 도구를 조합하는 과정으로 이루어진다. 생성과 편집은 동시에 이루어지며 프롬프트는 이미지 자체와 이미지 간 관계를 설계하는 기준이 된다. 몽타주는 숏을 단순히 조합하는 기술이 아니라 알고리즘이 제안한 구조와 인간의 판단이 협상하며 연속성과 불연속성을 선택적으로 구성하는 의미 생성의 과정이 된다.

AI와 미래 의사?

AI 영상 제작을 위한 이미지 생성

AI 영상 제작은 특정한 하나의 도구에 의해 이루어지지 않는다. 제작자는 다양한 이미지 · 비디오 생성 서비스와 포토샵과 프리미어 프로 같은 편집 툴을 넘나들며 각 도구의 성향과 한계를 조합해 하나의 작품을 구성한다. 이때 중요한 것은 어떤 서비스가 더 좋다가 아니라 어떤 단계에서 어떤 서비스가 더 적당한가를 판단하는 것이다. 대표적인 이미지 생성 환경으로는 챗지피티(ChatGPT), 구글 제미나이(Google Gemini), 마이크로소프트 디자이너(Microsoft Designer), 어도비 파이어플라이(Adobe Firefly), 미드저니(Midjourney), 그록(Grok) 등이 있다. 이들 서비스는 모두 이미지 생성을 지원하지만 생성 방식과 수정 능력, 기본 스타일에서 뚜렷한 차이를 보인다. 예컨대 챗지피티와 제미나이는 언어 지시에 따른 수정 정확도가 높아 이미지의 일관성을 유지한 채 특정 요소만 바꾸는 작업에 유리하다. 반면 미드저니는 스타일 완성도가 높아 시네마틱하고 기술적인 이미지를 만드는 데 강점을 가진다. 디자이너와 파이어플라이는 지우기, 색상 조정, 밝기 조절 같은 편집 기능을 제공해 생성한 이미지를 쉽게 수정할 수 있는 장점을 가진다.

비디오 생성 단계로 넘어가면 제작 방식은 더욱 분기된

다. 텍스트만으로 영상을 생성하는 방식, 시작 프레임과 종료 프레임을 지정해 그 사이의 움직임을 생성하는 방식, 참조 이미지를 기준으로 영상을 생성하는 방식이 병존한다. 플로, 소라(Sora), 클링(Kling), 런웨이(Runway), 피카(Pika), 그록 등은 이러한 다양한 생성 방식을 제공하며 각각 속도, 비용, 결과 안정성에서 차이를 보인다. 프레임 기반 비디오 생성은 연속성을 유지하는 데 특히 유리하다. 제작자는 이전 장면의 마지막 프레임을 다음 장면의 시작 프레임으로 사용하고 종료 프레임을 새로 설계함으로써 인물의 위치, 방향, 공간을 안정적으로 이어갈 수 있다. 이 과정에서 프롬프트는 단순한 설명이 아니라 이미지 자체와 이미지 사이의 관계를 조율하는 설계 문서로 기능한다.

비디오 생성 과정에서도 오류는 빈번하게 발생한다. 인물의 방향이 바뀌거나 소품이 사라지거나 의도하지 않은 대사가 삽입되는 경우가 대표적이다. 이때 제작자는 프롬프트에서 불필요한 요소를 제거하거나 표현을 완화하거나 참조 이미지 기반 생성으로 방식을 전환해 문제를 우회한다. 플랫폼 정책에 의해 특정 표현이 제한될 경우 직접적인 단어 대신 간접적 표현을 사용해 동일한 장면을 구현하기도 한다.

결국 AI 영상 제작에서 중요한 것은 하나의 서비스에 숙달되는 일이 아니라 여러 생성 환경을 오가며 장면을 점진적으로 완성하는 능력이다. 제작자는 이미지 생성, 수정, 편집, 비디오 변환을 반복하며 가장 설득력 있는 결과를 선택하고 그 선택의 축적을 통해 하나의 서사를 구성한다. 이 과정에서 AI는 창작의 주체라기보다 제작자의 판단을 끊임없이 시험하고 조정하게 만드는 생성 파트너로 기능한다.

AI 영상 제작을 위한 사운드 생성

AI 영상 제작에서 사운드 생성은 영상의 의미와 리듬, 그리고 분위기를 직접 구성하는 핵심 공정이다. 제작자는 먼저 어떤 소리가 필요한지 범주를 명확히 구분해야 한다. 사운드는 음성(대사 · 내레이션), 음악, 효과음으로 나뉘며 각 범주마다 적합한 AI 서비스와 작업 방식이 다르다. 음성 영역에서 제작자는 녹음 스튜디오와 성우 섭외에 의존하지 않고 텍스트 기반 음성 합성을 적극 활용한다. 예를 들어 제작자는 구글 AI 스튜디오에서 제공하는 TTS(Text-to-Speech)를 사용해 단일 화자 또는 다중 화자 음성을 생성하고 프롬프트로 말투 · 속도 · 억양 · 감정 톤을 직접 지시한다. 제작자는 예고편 내레이션처럼 목적이 분명한 문장을 먼저 준비한 뒤 "차갑게 절제된 톤으로 짧게 끊어 읽는다", "무심한 태도로 툭툭 던진다"처럼 연기 지시를 문장으로 명시해 결과의 방향을 설정한다.

음악 영역에서 제작자는 장면의 정서와 리듬을 먼저 정의한 다음 그 정의를 곡 생성 프롬프트로 번역한다. 수노(Suno)나 유디오(Udio)는 보컬이 포함된 곡 형태의 결과를 빠르게 산출하므로 제작자는 장르(K-pop/힙합/팝), 템포, 훅의 반복 방식, 랩 삽입 위치, 코러스의 에너지를 구체적으로 지시해 시안을 여러 개 뽑고 그중 하나를 선택한다. 반면 영화적 스코어가 필요할 때 제작자는 아이바(AIVA)처럼 스코어(score) 지향 도구로 짧은 길이의 트랙을 생성해 장면의 긴장감과 분위기를 설계한다.

효과음 영역에서 제작자는 라이브러리 검색만으로 해결되지 않는 특정한 사건의 느낌을 직접 생성해 채울 수 있다. 예컨대 "동전이 가득 든 가죽 가방이 콘크리트 바닥에 떨어지는 소리"처럼 복합 사건을 요구할 때 제작자는 일레븐랩스(ElevenLabs)의 효과음(Sound Effects) 기능에서 텍스트 프롬프트로 효과음을 만들고 여러 변형 결과 중 느낌이 가장 설득력 있는 파일을 선택해 편집기로 가져온다. 비디오 생성을 하면 오디오도 함께 생성되는 경우가 있다. 문제는 사운드의 연속성이다. 생성할 때마다 배경음이 달라진다면 그 클립들을 연결할 때 사운드의 연속성이 깨진다. 그러므로 비디오 생성 시 음성만 생성하고 배경음과 음악은 별도로 생성해 사운드 디자인을 하면 된다.

AI 영화의 몽타주

영화에서 숏을 조합하는 과정을 몽타주(montage)라고 하는데 일반적으로 편집을 의미한다. 그런데 AI가 등장해 자동 장면 감지(scene detection), 전사(transcription), 포맷 변환(reframe), 생성적 확장(generative extend), 리듬 분석(rhythm analysis), 음성 향상(voice enhancing) 같은 기능으로 편집의 일부를 자동화하면서 편집은 단순히 숏의 조합이 아니라 인간의 의도와 알고리즘의 제안이 협상하는 과정이 된다. AI 편집은 기존의 워크플로를 빠르게 하거나 효율화하는 수준에 머물지 않는다. AI는 편집 과정에 개입하면서 컷을 어떻게 연결하고 리듬을 어떻게 형성하며 의미를 어떻게 구성할 것인가라는 판단 기준의 일부를 코드 형태로 내장한다. 그 결과 편집은 더 이상 전적으로 인간 편집자의 직관과 경험에만 의존하지 않고 알고리즘이 제안하는 규칙과 패턴을 전제로 진행된다.

전통적인 편집에서 편집자는 빈 타임라인을 마주한다. 편집자는 컷을 선택하고 배치하며 리듬을 조율하는 전 과정을 직접 수행한다. 이 과정에서 의미는 편집자의 판단과 반복적인 실험을 통해 점진적으로 구성된다. 이러한 방식은 편집을 하나의 창작 행위 즉 구성의 문제로 다루어 왔다.

반면 AI 편집 환경에서는 작업의 출발점이 달라진다. 편집자는 이미 일정 부분 채워진 타임라인, 자동으로 제안된 컷 연결, 추천 전환 효과, 음악과 영상의 자동 리듬 동기화와 같은 구조를 먼저 마주한다. AI는 이 구조를 통해 편집에서 자주 사용되는 규칙과 관습을 미리 적용하고 편집자가 선택할 수 있는 가능성의 범위를 설정한다.

이때 편집자의 역할은 근본적으로 재정의된다. 편집자는 더 이상 무(無)에서 의미를 만들어 내는 존재로만 기능하지 않는다. 대신 편집자는 알고리즘이 제시한 선택지의 스펙트럼 안에서 어떤 옵션을 채택하고 어떤 옵션을 수정하거나 배제할지를 결정한다. 편집은 창작의 출발점이기보다 설정(configuration)과 선별(curation)의 과정으로 이동한다.

이 변화는 편집의 자동화를 의미하지 않는다. 오히려

편집의 판단 지점이 이동했음을 뜻한다. AI는 무엇이 가능하고 무엇이 일반적인지를 미리 구성하지만 그 가능성 중 어떤 조합이 작품의 의도와 정서에 부합하는지는 여전히 인간 편집자의 결정에 달려 있다. 다만 그 결정은 더 이상 빈 캔버스 위에서 이루어지지 않고 알고리즘적으로 구조화된 환경 안에서 이루어진다. 결과적으로 AI 편집은 편집을 단순한 기술적 공정이 아니라 의미가 구성되는 규칙이 어디까지 자동화되고 어디부터 인간의 판단으로 남는지를 끊임없이 협상하는 장으로 전환시킨다. 이 지점에서 편집의 핵심은 조합하는 행위에서 설정하고 선별하는 행위로 이동하며 영상 제작의 미학과 실천 방식 역시 새로운 국면에 접어든다(Miranda & Iade, 2025).

제작자는 AI로 생성한 이미지를 편집기에 내려놓고 다음에는 어떤 컷을 이어 붙일 것인가를 그때그때 판단하고 그 선택의 연쇄 속에서 스토리를 구성할 수 있다. 즉 작가가 개요를 완벽히 구성한 후 글을 쓸 수도 있지만 글을 쓰면서 구성을 완성해 갈 수 있는 것처럼 AI 영상 제작도 통합적인 편집이 가능하다. 그러나 작업의 효율성과 스토리의 일관성을 위해서 스토리보드 같은 사전의 확실한 계획이 필수적이다. 스토리보드는 작업 과정에서 생길 수 있는 혼란 속에서도 스토리의 일관성을 지켜주는 행위자라 할 수 있다.

스토리보드와 편집의 가장 중요한 기준은 컨티뉴어티(continuity) 즉 연속성이다. 스토리가 성립하려면 인물, 시간, 공간, 동작, 방향을 일관되게 유지해야 한다. 인물의 외모와 의상이 갑자기 바뀌거나 낮에서 이유 없이 새벽으로 전환되거나 이동 방향이 뒤집히면 관객은 흐름을 따라가기 어렵다. 스토리는 기본적으로 연속성을 전제로 한 시간적 · 공간적 흐름 위에서 형성된다. 이러한 원리에 기초한 편집 방식을 연속 편집(continuity cutting)이라 한다. 이는 할리우드 고전 영화 전통에서 확립된 편집 규범으로 컷이 존재함에도 불구하고 동작과 시공간이 자연스럽게 이어져 관객이 컷의 존재를 거의 인식하지 못하게 만든다. 이를 흔히 비가시 편집(invisible cutting)이라고 부른다. AI 영화 역시 영화인 이상, 생성된 숏들을 연결할 때 이 연속성의 원칙을 기본으로 삼아야 한다. 예를 들어 남녀 인물이 대화하는 투숏(two shot: 두 명의 숏)을 생성한 뒤 남자의 클로즈업을 다음 컷으로 배치하려면 인물의 외형, 의상, 배경, 조명, 시간대가 모두 일치해야 한다. 이를 위해 제작자는 AI에게 처음에 생성한 투숏 이미지를 참조 이미지로 제공하고, "이 참조 이미지의 남자를 클로즈업숏으로 생성해 줘"처럼 지시할 수 있다. 같은 방식으로 여자의 클로즈업숏을 생성하면 인물 연속성, 시공간 연속성, 방향성이 유지된 편집이 가능해진다. 반대로 인물이 한 컷에서는 왼쪽을 바라보다가 다음 컷에서 갑자기 오른쪽을 바라본다면 이는 방향 연속성이 깨진 잘못된 편집으로 인식된다.

그러나 모든 편집이 연속성만을 목표로 하지는 않는다. 의도적으로 연속성을 깨는 불연속 편집(dis-continuity cutting) 역시 중요한 몽타주 방식이다. 대표적인 사례가 점프 컷(jump cut)이다. 점프 컷은 시간 · 공간 · 동작의 연속을 생략하거나 도약시켜 컷 사이의 단절을 그대로 노출한다. 이는 짧은 시간 안에 많은 사건을 압축적으로 보여 주거나 리듬감과 자극을 강조할 때 효과적으로 작동한다.

AI 영화 제작에서 몽타주 전략은 기존 영화보다 훨씬 유연하게 적용된다. 제작자는 5W1H를 활용해 각 숏의 조건을 구체적으로 설계하고 숏의 크기와 성격을 프롬프트에 반영해 이미지를 생성한다. 이후 편집 단계에서는 전통적인 영화 문법을 따를 경우 연속성 편집을 기본으로 하되 필요에 따라 점프컷과 같은 불연속 편집을 선택적으로 활용할 수 있다. 그러나 AI 영화에서 몽타주는 촬영과 분리된 후반 작업이 아니라 생성과 편집이 맞물린 실시간적 판단의 과정 속에서 형성된다. 이 과정에서 전통적 영화 문법을 유지하기도 하지만 경우에 따라 과감히 해체하며 새로운 제작 리듬을 만들어 낼 수도 있다.

특히 현재의 AI 생성 모델은 장면 간 일관성을 안정적으로 유지하는 데 여전히 취약하다. 동일한 인물의 외형이나 공간의 연속성을 확보하기 위해서는 많은 시간과 비용이 소요되며 이는 연속성 편집을 기본 전략으로 삼는 데 현실적인 제약으로 작용한다. 이러한 조건 속에서 불연속 편집은 기술적 한계를 보완하는 임시적 선택이 아니라 AI 영상의 미디어적 특성으로 적극 활용될 수 있다.

점프컷이 사용자 제작 콘텐츠(UGC)의 대표적인 편집 방식으로 자리 잡은 것 역시 이와 유사한 맥락에서 이해할 수 있다. 유튜버는 동작의 물리적 연속성을 유지하기보다 불필요하거나 중복된 내용을 과감히 제거해 점프컷으로 편집한다. 이는 바쁜 일상 속에서 짧은 시간 안에 최대한 많은 정보나 재미를 제공해야 하는 플랫폼 환경과 직접적으로 연결된다(권승태, 2022).

더 나아가 유튜브 초기의 다수 콘텐츠가 아마추어 제작자에 의해 생산되었다는 점 역시 중요하다. 점프컷은 전문가적 연속 편집 기술의 부재에서 비롯된 결과였지만 반복적인 사용과 수용을 거치며 하나의 보편적 편집 관습으로 정착했다. 과거 전문가 제작 콘텐츠(PGC)에서 금기로 여겨졌던 점프컷이 오늘날 방송과 영화에서도 활용되는 이유가 여기에 있다. AI 영상에서 나타나는 물리적 법칙의 파괴 역시 이와 유사한 궤적을 따른다. 이는 고도의 의도적 실험 이전에 기술적 역량의 한계에서 비롯된 현상이다. 그러나 점프컷이 그러했듯 반복적인 노출과 수용을 통해 이러한 비일관성과 불연속성은 점차 하나의 미학적 관습으로 전환될 가능성을 지닌다. 언캐니 밸리(Uncanny Valley) 역시 마찬가지다. 처음에는 결함이나 실패로 인식되던 시각적 어색함은 익숙해지는 과정을 거치며 새로운 감각 체계로 편입될 수 있다. 이러한 점에서 AI 영상 제작에서 편집은 반드시 기존 영화의 비가시적 연속성 편집 관습을 따를 필요는 없다. 오히려 미디어적 한계를 결함으로 보지 않고 이를 역이용함으로써 새로운 서사 방식과 예술적 형식을 창조할 수 있다.

참고문헌

권승태(2022). "유튜브 사용자 제작 콘텐츠(UGC)의 시각 정체성". 《미술문화연구》, 22, 179~199쪽.

Miranda, M. & Iade, U.(2025). Generative Montage: An Analysis of AI-based Video Editing Software Effects on Montage. *Baltic Screen Media Review, 13*, pp.100~123.

권승태

한국방송통신대학교 미디어영상학과 전임대우 강의교수다. 고려대학교에서 영상문화학 박사 학위를 받았다. Chapman University에서 Film&TV production 전공으로 MFA를 받았다. 성균관대학교에서 한국 철학을 전공했다. 20년 이상 방송영상 분야에서 프로듀서로 활동했다. 주요 저서로 《AI생성 이미지의 이해와 활용》(2025), 《시각 예술과 인공지능》(2024), 《플랫폼 내러티브》(2023), 《1인 미디어 기획제작》(2022), 《디지털영상편집》(2021), 《장마리 플로슈, 시각 정체성》(2016), 《영상스토리텔링의 일반원리》(2015), 《3막의 비밀: 스토리텔링의 보편적 법칙》(2012), 공저로 《시니어 디지털 리터러시 교육방법론》(2026), 《21세기 노년》(2024), 공역서로 《차이와 지속의 기호학, 비주얼 아이덴티티》(2017)가 있다. "AI 영상 제작의 구조와 흐름: 기호학과 행위자-네트워크 이론을 중심으로(2025)", "AI생성 이미지의 정체성과 시각 예술의 변화(2024)", "영화 〈에브리씽 에브리웨어 올앳원스〉의 혼종적 스타일에 관한 연구"(2023), "시각 예술의 디지털 도구로서 어도비 애플리케이션의 시각 정체성"(2023) 등 19편의 논문을 KCI 학술지에 게재했다.